AF279610

Matthias Müller Kuhn, geboren 1963, ist Theologe, Dichter, spiritueller Begleiter und Pfarrer. Er bezeichnet sich selbst als christlichen Mystiker, der immer wieder darüber staunt, dass dem Menschen auch in alltäglichen Dingen das Geheimnis der Gegenwart Gottes begegnet.

Das Buch *Stille Gespräche mit Gott* ist aus einer jahrelangen intensiven Beschäftigung mit Spiritualität und Mystik entstanden.

Andere Veröffentlichungen des Autors: Zugeflogen mit frohen Flügeln, zweihundertacht deutsche Haiku

Matthias Müller Kuhn

Stille Gespräche mit Gott

Matthias Müller Kuhn

Stille Gespräche mit Gott

Inhalt

1. Vorwort   9
2. Leere.......................................   12
3. Anfang......................................   14
4. Weg...   16
5. Illusionen..................................   19
6. Im Kleinen..................................   22
7. Die Nächsten................................   25
8. Freiheit....................................   28
9. Spiegel.....................................   31
10. Spiel.......................................   34
11. Liebe.......................................   38
12. Suche.......................................   41
13. Klagen......................................   45
14. Leiden......................................   48
15. Leiden der Menschen.........................   51
16. Heilung.....................................   55
17. Trost.......................................   58
18. Hören.......................................   62
19. Sehen.......................................   65
20. Entdecken...................................   69
21. Glück.......................................   72
22. Glaube......................................   75
23. Zeit..   79
24. Sterben.....................................   83
25. Tod...   87
26. Hoffnung....................................   91
27. Gebet.......................................   94
28. Ausklang....................................   97

1. Vorwort

Wer bist Du, Gott? Ich spreche mit Dir und warte, bis Du mir Antwort gibst. Bist Du einverstanden, dass wir miteinander in Kontakt treten?

Was für ein Gegenüber bist Du?

Ich vermute, dass Du genau dann schweigst, wenn ich erwarte, dass Du sprichst. Dein Schweigen ist wie eine Bergkette, die noch niemand bestiegen hat. Von jetzt an gebe ich mich mit Deinem Schweigen nicht mehr zufrieden.

Ich kitzle und steche Dich, ich trete Dir auf die Füsse und liege Dir in den Ohren, bis Du nicht mehr anders kannst, als mit mir zu sprechen. Gut, wir treten miteinander in einen Dialog. Jeden Tag nehme ich mir Zeit, mit Dir ins Gespräch zu kommen.

Wie höre ich Dich? Muss ich neue Sprachen erlernen und mühsam nach dem Sinn noch nie gehörter Worte forschen? Werde ich verärgert vor Sätzen stehen, die ich nicht entschlüsseln kann? In welcher Sprache werde ich zu Dir sprechen?

Bin ich für Dich ein würdiges Gegenüber, dem Du Deine Zeit schenkst? Wartest Du auf mich, bis ich Worte für das gefunden habe, was nicht einfach auszudrücken ist?

Ziehst Du weiter wie Wolken, die sich nirgends niederlassen oder wie Bäche, die abwärts ins Tal drängen und nie die Musse haben zu bleiben?

Sprichst Du mit mir? Springst Du mit mir über Mauern und Zäune? Wirfst Du mir im Spiel den Ball zu? Hebst Du den einen kleinen Kieselstein vom Boden auf und lässt ihn in der Sonne glitzern? Bin ich interessant genug für Dich?

Verschwendest Du Deine Ewigkeit an einen an die Zeit gebundenen Menschen? Beugst Du Dich aus dem Universum, um einen Käfer auf einem Blatt zu beachten, der seine kurze Spur zieht? Lässt Du Dein Licht auf einen langsam, kaum sichtbar sich bewegenden Punkt fallen, der sich gleich wieder im wogenden Meer der Zeit auflöst?

Meine Aufmerksamkeit ist auf Dich gerichtet, Gott. Alle Strahlen meiner bescheidenen Intelligenz sind gebündelt und fallen auf Dich. Meine Zeit gleitet wie ein reifer Apfel in Deinen Schoss. Mein Herz läuft über wie ein See, in dem sich viele Bäche sammeln. Es will sich an Dich verschenken. Wo bist Du?

Wir müssen bescheiden anfangen, Schritt für Schritt. Ich darf Dich nicht mit meiner stürmischen Leidenschaft überfallen. Natürlich erträgst Du alle meine Launen. Meine Kraft überfordert Dich nie. Ich aber kann mich in Dir verlieren, deshalb bitte ich Dich um Geduld. Zeigst Du Dich von Deiner stillsten Seite?

Du bist ein Tropfen, der regelmässig von der Dachrinne in ein kleines Wasserbecken fällt. Um Dich neu zu formen, sammelst Du Dich, bis Du Dich fallen lässt. Ein kurzes Aufblitzen ist sichtbar, in dem Deine Reinheit aufstrahlt. Ein feiner Ton ist zu hören, wenn Du auf der Wasseroberfläche aufprallst, um dann zu versinken. Von der Mitte aus gleiten Kreise, die sich immer weiter öffnen und am Ende den Rand des Beckens berühren.

Hast Du nun zu mir gesprochen? Habe ich Dich gehört? Ist Dein Ton mit meinem Ohr verschmolzen?

2. Leere

Wenn ich Dir im Gespräch nahe komme, erfahre ich, dass Du keine Begrenzungen kennst. Wo sind die Ränder, die sonst alles Zeitliche umgeben? Beim Sprechen gehe ich vom einen Ende zum anderen, denn Wörter sind immer begrenzt. Sie verklingen und lösen sich wieder auf. Meine Lippen sind die Ränder, die meine Sprache einkreisen.

Schon jetzt, in diesem Augenblick, bist Du in allem ewig. Ich bewege mich in einer Landschaft, die weit und ohne Ende ist. Auf einem Hügel stehend schaue ich auf die Ebene hinab, die bis an den Horizont reicht und sich an die Rundung der Erde schmiegt.

Vielleicht zeichnen sich im Dunst der Ferne Berge ab, die fast mit den Wolken verschmelzen. Ein Fluss zieht seine Bänder und sucht sich ein Bett zwischen endlosen Sandbänken und bewaldeten Inseln. Kein Weg führt durch die Ebene. Der Sumpf, die niederen Tannen und das Dickicht halten alle Menschen fern.

Dieses endlose Land gehört Dir. Keine menschliche Stimme stört die Stille. Nur der Wind rauscht in den Baumwipfeln und wirbelt Sand auf an den Ufern. Baumstämme treiben im Fluss. Manchmal staut sich das Wasser und bricht sich nachher mit ungeheurer Kraft einen neuen Weg.

Während ich auf dem Hügel stehe, umgeben

mich fein abgestufte Blautöne der Ferne am Horizont. Wirst Du mir antworten, wenn ich nun eine Frage in diese Weite hinaus rufe. Verhallt meine Stimme, ohne dass mich jemand hört?

Gott, bist Du zu gross für mich? Wie kann meine kleine Hand etwas von Dir erfassen, wenn doch die Weite der Erde sich hinaus ins Universum öffnet und Millionen von Sternen mich umgeben?

Verliere ich mich in Deiner Grösse? Wenn es in Dir keine Grenzen gibt, falle ich ins Leere?

Mutig betrete ich Deinen Raum, ohne zu wissen, wo er endet und wie er bemessen ist. Ich gelange ins Leere. Für einen Augenblick entfällt mir alles, was ich je gewusst habe. Wie heisse ich? Was habe ich in meinem Leben getan? Wo bin ich zuhause? Was habe ich gelernt?

In dieser Leere muss ich alles loslassen, was ich festhalte. Alles wird mir entrissen, was ich noch umklammere. Willst Du mich wirklich in die Leere stossen, dass ich sogar meine Sprache vergesse? Wie soll ich jetzt Worte finden, um mit Dir zu reden? Bin ich für Dich ein Gegenüber?

Hast Du mich nicht bereits überwältigt? Hast Du mir den Boden entzogen, dass ich umfalle und nicht mehr weiss, was mich aufhalten könnte?

Bin ich Dir jetzt zu nahe gekommen im Nichts und im Nirgends? Falle ich in die Mitte der Seinskugel hinein, in der Du bist ohne Begrenzung, ohne Nicht, ohne Gedächtnis, ohne Vergangenheit und Zukunft, immer im Hier und im Jetzt?

3. Anfang

Du bist der Anfang. Mit Dir und durch Dich fängt alles an, was ist. Wie hat die Welt begonnen?

Das Feuer kühlte sich allmählich ab. Aus der Glut tauchten Steine auf. Die Erde fing an, sich zu formen, Berge wölbten sich in die Höhe. Täler taten sich auf. Das Licht fing an zu scheinen. Wie aus dem Nichts heraus floss das Wasser und bedeckte die Kugel. In der Tiefe regte sich das erste Leben.

Du warst allein inmitten der Stille und Leere auf dem Planeten. Deine Kraft floss ins erste Lebewesen, das, noch nicht sichtbar, sich zu bewegen begann.

Die Kette des Lebens hast Du vorausgedacht. Aus dem Kleinen wuchs das Grosse heraus. Immer kühnere Formen und Abläufe entstanden. Neues Leben regte sich, füllte die Leere, begann zu springen, zu hüpfen und zu kämpfen.

Gott, Anfang aller Dinge, ich beginne, mit Dir zu sprechen. Du bist der Anfang meiner selbst. In Deinem Geist nahm meine Existenz Form an, bis Du mich mit Deiner schöpferischen Kraft wirklich in diese Welt und in diese Zeit hineingestellt hast und ich den ersten Atemzug getan habe.

Wenn ich mit Dir in Verbindung trete, klingt plötzlich auch das mit, was vor meiner irdischen Existenz war. Wie ein Echo, das aus den Bergen widerhallt, höre ich Stimmen aus einer anderen, dem Anfang nahe liegenden Zeit.

Wie ist es, wenn ich mit meinem eigenen Anfang rede? Du lässt mich ahnen, dass ich in einem grossen Zusammenhang stehe, von dem ich nichts Genaues weiss. Dieser Bezug zu meinem Anfang bläst einen Hauch von Ewigkeit über mein Leben.

Du hältst mir einen Spiegel hin, in dem ich ein anderes Bild von mir sehe, welches bisher nur in meinen tiefsten Träumen aufschimmerte. Das Gespräch mit Dir besteht nicht nur aus Worten, die achtlos aneinandergereiht sind, sondern in ihm spiegelt sich ein Glanz, der vom Anfang herrührt.

Du beginnst jedes Mal neu. Nichts wiederholst Du, nichts führst Du aus Bequemlichkeit weiter, nein, Du lehrst mich den Anfang.

Führe mich in unseren Gesprächen immer zum Anfang. Fange mit mir neu an. Lass mich die Quelle sein, die aus dem Innersten heraus sprudelt und ganz im Vertrauen lebt, dass sie aus der Tiefe genährt wird. Sie legt sich keinen Vorrat an, weil sie alles, was sie ist, aus der Tiefe bezieht.

Schenke mir den Mut der Quelle, die immer in Deiner Gegenwart lebt, aus der Ewigkeit jeden Augenblick empfängt und ihn an die Welt weitergibt. Lass mich als Quelle mit Dir sprechen.

4. Weg

Jeden Tag gehe ich meinen Weg über breite Hügel der Freude, über schmale Brücken der Geduld oder durch Schluchten schwieriger Stunden zu hellen Plätzen wertvoller Begegnungen bis zu den seltenen Gipfeln der Erfüllung.

Begleitest Du mich immer auf meinem Lebensweg? Kennst Du meine Schritte? Hast Du schon längst mein Schicksal vorausgesehen und es mit Deinem Finger in den Sand der Ewigkeit vorgezeichnet?

Gott, willst Du mir nun antworten? Weisst Du schon, was mit mir geschehen wird in der Zukunft? Hast Du mein Leben schon entworfen in Deinem Geist wie ein Architekt, der sein Bauwerk auf Plänen genau festgehalten hat? Hast Du mit Deiner blühenden Phantasie ein Bild gemalt von meinem Weg und schon den letzten Strich vorausgedacht?

Du bist mein Gegenüber im Gespräch. Verbirgst Du Dein Wissen vor mir? Die letzten Geheimnisse sprichst Du nicht aus, doch ich ahne, dass Du schon alles weisst. Dein Wissen erscheint wie ein hoher, unerreichbarer, im ewigen Schnee leuchtender Berggipfel, den ich bewundere, wenn er plötzlich aus den Wolken auftaucht, den ich aber auch wieder vergessen muss, da er nicht fassbar ist, wenn ich meine kleinen Schritte in meinem kleinen, überschaubaren Zeitraum gehe.

Wenn es wirklich wahr ist, dass Du jedes Stück meines Weges schon im voraus kennst, bewege ich mich immer, ob ich mir dessen bewusst bin oder nicht, auf dem Boden Deines Willens. Meine Entscheidungen sind eingebettet in das, was Du für mich bestimmt hast.

Antworte mir in welcher Sprache auch immer! Kümmerst Du Dich so sehr um die Menschen, dass Du mit jedem Schritt, den wir hier auf der Erde tun, verbunden bist? Lässt Du uns nie allein, auch wenn wir uns in der Wüste verirren, wenn die Wege plötzlich abbrechen und in Abgründe stürzen, wenn wir uns bekämpfen und einander Leid zufügen?

Denkst Du Dich in jeden Schritt der Menschen hinein? Bist Du so sehr mit dem Irdischen beschäftigt, dass Du Dich nie in Deine Ewigkeit zurückziehst und nur Dir selber genügst?

Ich beginne, auf meine Schritte zu achten. Wenn Dein Wille mit allem, was ich tue und bin, verbunden ist, bist Du gegenwärtig in jedem Moment meines Lebens.

Auf der Strasse gehend beobachte ich die Menschen, die mir entgegenkommen. Vor den Schaufenstern spüre ich die Sonne auf meinem Gesicht. Ein süsslicher Geruch dringt durch die geöffneten Türen nach draussen. Ich nehme die Stimmung wahr, welche die Häuser während ihrer langen Geschichte geprägt hat.

Mit allem bist Du verbunden, weil Du Dich ein-

mischst und mitbestimmst, weil Dein Wille wie
Lichtstrahlen auf alles fällt, was geschieht. Wie die
Luft dringst Du in alles ein, um Leben zu ermögli-
chen.

Genau deshalb kann ich mit Dir über alles sprechen, nicht nur über die hohen, erhabenen, himm-
lischen Dinge, sondern auch über das Alltägliche.

Schau, diese Frau: Warum ist ihr Gesicht verschlossen, welche Verwirrung liegt über ihr?

Spürst Du auch den warmen Wind, der jetzt
aufkommt und die Sorgen aus den Ritzen der
Mauern bläst?

Ich beginne zu schwitzen, ich hätte meine Jacke
nicht anziehen sollen. Meine Füsse schmerzen,
heute bin ich zu weit gegangen, wäre ich nur bald
zuhause.

Es ist gut, dass einige Cafés Tische auf die Strasse gestellt haben. Soll ich mich hinsetzen, reicht die
Zeit?

5. Illusionen

Wie berühre ich Dich, ohne gefangen zu bleiben in falschen Bildern und Vorstellungen? Wie oft täuschen sich Menschen, wenn sie Dir nahe kommen wollen? Sie stellen sich vor, dass Du ein gewisses Etwas bist, über das sie verfügen können. Sie schreiben Sätze auf über Dich, die sie für die Wahrheit halten, am Ende sogar für Dich selber. Sie bauen sich Welten auf, in denen sie Dich einschliessen und von Dir Besitz ergreifen, um Dich zu verstehen.

Wie haben wir uns getäuscht auf dem Weg zu Dir! In uns brennt ein Feuer, eine Sehnsucht nach Dir, ein Durst nach Deiner Nähe, ein Hunger nach Deiner Erfüllung. Doch wir errichten Kulissen, auf welche wir unsere eigenen kleinen Vorstellungen malen. Wir halten die selbstgebauten Kulissen für Dich und sind am Ende enttäuscht von Dir, weil Du uns fern und unnahbar erscheinst. Wir betrügen uns selbst, denn wir meinen, Du seiest das, was wir von Dir zu wissen glauben.

Jetzt durchbreche ich die Vorstellungen, die ich mir von Dir gemacht habe. Ich reisse die Kulissen nieder, ich zerstöre die Bilder von Dir. Ich werfe mich ins Leere. Ich gehe vor Dir in die Knie. Gott, ich weiss nichts von Dir!

Noch nie gelang es mir, Dich festzuhalten oder irgendetwas Sicheres über Dich zu begreifen. Ich lasse mich fallen durch die Kulissen hindurch und durch die seit Jahrhunderten für gültig erklärten Sätze über Dich. In den Raum des Nichtwissens lasse ich mich fallen und spüre, dass sich die Verkrampfungen lösen, die sich in meinem Körper festgesetzt hatte. Mit leeren Händen stürze ich auf Dich zu.

Warum hielten wir uns so lange bei den Bildern von Dir auf? Über Generationen haben wir die Glaubenssätze nachgesprochen und sie in Stein gemeisselt, ohne ihnen auf den Grund zu gehen. Wir haben Kirchen gebaut, um für Deine Gegenwart einen sicheren Ort zu schaffen. Wir haben Bücher geschrieben, um Dein Wesen zu ergründen und Dich dadurch an uns zu binden.

Jetzt stürzen die Kirchen ein, Bilder von Dir zerbrechen, Bücher über Dich verbrennen, Sätze lösen sich auf, Vorstellungen von Dir verblassen.

Wie soll ich diesen Sturz aus den bekannten und bewährten Gottesbildern heraus aushalten? Ich werde blind. Ein weisses Schneefeld erscheint, in dem sich alle Konturen auflösen. Ich werde gelähmt, meine Finger haben keine Kraft mehr. Ich werde taub, keine bekannte Stimme kann mir erklären, was mit mir geschieht.

Plötzlich, in dieser Leere, bin ich Dir nahe. Du entziehst Dich mir und gleichzeitig schenkst Du Dich mir. Ich fange an, mit Dir in einer neuen Sprache zu sprechen. Lass mich neue Worte finden, die von Dir klingen und Dich widerspiegeln, ohne Dich besitzen und erklären zu wollen oder

Dich in ein Bild zu zwängen.

Hilf mir, dass ich mich befreie von dem, was ich jemals über Dich gehört und gelesen habe. Lass mich von vorne beginnen, als wäre ich ein Neugeborener, der zum ersten Mal ein Wort mit seinen Lippen formt.

Lass mich Dich vergessen! Was ich je über Dich gedacht habe, soll in meinem Gedächtnis sich auflösen, damit Du unmittelbar auf mich triffst, so wie der Wind ein Blatt bewegt.

Ich bin Dein Blatt, das selber nichts will und nichts weiss, sondern sich ganz der Kraft des Windes anvertraut und sich davon bewegen lässt, dass niemand mehr sieht: Wer ist das Blatt und wer ist der Wind? Sie sind eins geworden in einer leichten, rauschenden Bewegung. Ich lasse Dich los und verliere Dich, ich gewinne Dich für immer.

6. Im Kleinen

Kann es sein, dass ich Dich übersehe? Du bist der Erhabene, der Grosse, Unermessliche. Jetzt aber erkenne ich, dass Du auch im Kleinen, Unscheinbaren gegenwärtig bist. Wie kannst Du Deine Grösse in eine Mücke stecken und ihr die Weisheit des Fliegens lehren?

Wie ist es möglich, dass Du Dich in den fast unsichtbaren Blütenstaub begibst und ihn ermutigst, zu einer Blüte geweht zu werden. Gott, verzeihe mir, dass ich Dich oft nicht beachte und Dich sogar mit Füssen trete.

Vergib mir, dass ich blind bin und Dich nicht sehe, obwohl Du mir in einem Regentropfen erscheinst, der die Fülle Deines Lichtes widerspiegelt.

Ich bin taub und höre Deinen Klang nicht, der in den Blättern der Bäume rauscht. Ich übersehe die Blumen, in denen Deine Farben aufstrahlen und die von der Kraft Deiner Ausstrahlung zeugen. Ich beachte das Lächeln des Kindes nicht, das eigentlich mir gilt und in dem Du mir Deine Zuwendung zeigst.

Gott, sage mir jeden Morgen, wenn ich erwache, dass ich auf das Kleine achten soll. Ich strebe nach den grossen Dingen und sehe die erhabenen Ziele vor mir, doch Du willst mir im Kleinen, Unscheinbaren begegnen.

Gott, rufe und schreie jedes Mal, wenn ich Dich

übersehe. Warum bleibst Du stumm, wenn ich an Dir vorbeigehe und nicht sehe, dass Du da bist? Lehre mich, achtsam zu sein.

Heute will ich mir Mühe geben. Du hast mir Augen gegeben, dass ich sehe und Ohren, dass ich höre. Zwischen den Steinen am Strassenrand wächst zögerlich eine Kamille. Sie weiss nicht, wem sie ihre Heilkraft schenken soll. Ich bleibe stehen und denke darüber nach, wie ich heute den Kranken begegne.

Eine alte Frau geht an einer Kreuzung auf den Bus zu und klopft an die geschlossene Tür beim Busfahrer, um noch eingelassen zu werden. Ich sehe ihr Gesicht. Die Ampel springt auf Grün, der Bus fährt an. Die Frau dreht sich enttäuscht ab und geht langsam auf den Gehsteig zurück.

Ein Bettler liegt eingehüllt in alte Decken in einem Hauseingang, daneben stehen alte Einkaufssäcke voll gestopft mit seinen Habseligkeiten. Das Abendlicht färbt den Himmel rot und macht die kahlen Mauern der Häuser sanft und durchlässig.

Ein Vogelschwarm sammelt sich in einem Baum des Parks, wirft sich in die Luft, zieht eine Schlaufe an den Hochhäusern vorbei, um sich wieder im Baum zu sammeln. Eine Möwe schwebt über einem Platz, auf dem einige Essensreste liegen. Sie landet sanft auf dem Boden, nimmt ein Stück Brot und fliegt wieder auf.

In einem Brunnen schimmern Münzen auf dem Grund, wer hat sie wohl hinein geworfen in der

Hoffnung auf Glück? Eine Wespe tanzt um den Strohhalm meines Bechers und will sich ein wenig Süssigkeit holen. Die flüchtige Geste, sie zu vertreiben, nützt nichts. Ich lasse sie teilhaben an dem, was mir selbst gut schmeckt.

Ich sehe das fröhliche und vergnügte Gesicht eines Kindes, das ein Eis bekommt und seine Hände ausstreckt, als würde ihm ein Stück Himmel geschenkt.

Rosen stehen nicht mehr ganz im Schatten des Schirmes an einem Verkaufstand. Sie werben flehend um Aufmerksamkeit und doch fehlt ihnen die Kraft, ihre Köpfe noch einmal zu heben. Nachts auf dem Heimweg torkelt ein Mann aus einem Lokal, aus dem dumpfe Bässe dröhnen.

Gott, wo bist Du mir heute begegnet?

7. Die Nächsten

Muss ich allein sein, wenn ich mit Dir spreche, dass uns niemand stört? Soll ich mich zurückziehen von den Menschen und ein Eremit werden in einer abgelegenen Schlucht oder in einer unzugänglichen Wüste? Gehe ich in die Stille, dass ich Dich höre, wo kein Geräusch und kein fremdes Wort mich ablenken? Richte ich weit entfernt von den Menschen eine Hütte ein und schenke Dir alle meine Zeit, damit ich jede Deiner Regungen und Winke wahrnehmen kann und nichts verloren geht in der lauten Welt des Alltags?

Nein!

Was, Du antwortest mir mit einem klaren Nein? Warum? Würde es nicht meiner Vorstellung eines gottsuchenden Menschen entsprechen, dass er sich in die Einsamkeit zurückzieht, um nur Dir zu dienen?

Nein!

Soll ich also umso mehr die Nähe zu den Menschen suchen und gerade im Gegenteil mich dem Lärm der Welt aussetzen? Wenn ich in mich gehe, wo finde ich Dich? Du willst, dass ich das Gespräch mit Dir auch mit anderen Menschen teile?

Wir sind also nie alleine, wenn wir miteinander sprechen, denn gerade Du bist offen für die anderen. Du grenzest Dich nicht ab und schliesst niemanden aus. Wenn ich Dich für mich alleine beanspruche, entziehst Du Dich mir. Du gehst wortlos fort, löst Dich auf und fliesst weg, wenn ich Dich in meinem Inneren einschliessen möchte.

Weisst Du, dass Du mir so kostbar bist wie nichts sonst auf dieser Erde? Wenn wir Menschen etwas äusserst Wertvolles besitzen, bewahren wir es an einem sicheren Ort auf, dass es nicht gestohlen wird.

Ja, ich weiss, Du bist nicht mein Besitz. Du gehörst allen und alle gehören Dir. Du gehörst selbst den Ameisen und den schwarzen Käfern. Bist Du Dir bewusst, dass gerade dies den Umgang mit Dir schwierig macht?

Du lehrst mich eine grosse Weisheit. Wenn ich etwas teile, wird es noch kostbarer. Gut, ich will Dich mit anderen Menschen teilen. Du hast Recht, wenn wir Dich teilen, wirst Du noch grösser und reicher. Du hast Recht.

Wenn ich einem Menschen begegne, nehme ich Dich mit. Du bist zwischen uns und baust Brücken der Verständigung. Wie schnell gibt es Missverständnisse, falsche Worte und Verdächtigungen, belastende Urteile unter uns Menschen.

Wir kommen auf Dich zurück, Du bist unser Ausgangspunkt. Bei Dir beginnen wir neu, auf Dich hin sind wir gemeinsam unterwegs.

Gott, meistens hältst Du Dich sehr diskret im Hintergrund. Du störst unsere Gespräche nicht. Wie viel Freiheit gibst Du uns, um unsere Begegnungen zu gestalten? Plötzlich aber bist Du da wie ein Wind, der dazwischen fährt und eine festgefah-

rene Situation in Bewegung bringt. Du bist ein
Feuer, das in einem Wort glüht und auf einmal die
nötige Überzeugungskraft hat. Du bist eine heilende Kraft und hilfst, wenn eine Wunde nicht ver-
heilt, sondern anfängt, sich zu entzünden. Du bist
die Eingebung und schenkst uns das eine notwen-
dige Wort, um neues Verständnis zu schaffen.

Du bist der Zorn und fährst dazwischen, wenn
wir Menschen uns Unrecht antun und schaffst
klare Verhältnisse.

Das Gespräch mit Dir hört nicht mehr auf, auch
wenn ich mit anderen Menschen zusammen bin,
auch wenn der Lärm der Welt über mich herein-
bricht. Während ich mit den Kindern spiele, höre
ich Dich, während ich von Menschen festgehalten
werde, lasse ich mich von Dir bewegen.

Manchmal lässt Du ein Wort in mein Herz fallen, das für einen anderen Menschen eine Tür auf-
stösst.

8. Freiheit

Gibst Du mir Freiheit, dass ich mich entfalten kann? Wie sehr haben wir uns selber eingesperrt und sind Gefangene unserer eigenen Vorstellungen geworden! Brauchst Du nicht unendlich viel Geduld mit uns Menschen, da Du mit ansehen musst, wie wir uns in Muster, in Pflichten und enge Raster einsperren?

Gegen Mauern schlage ich, die ich mir selbst errichtet habe. Unsere Gesellschaft ist ein Irrgarten von Zwängen. Was darf man, was ist verboten, was soll man tun, was erwartet man von mir?

Wie komme ich inmitten dieser vielen Vorschriften zu mir selbst und zu Dir? Das Schlimmste aber ist, dass wir auch Dich in diese Muster einzuzwängen versuchen. Wir erwarten von Dir, dass Du in unseren Sätzen und Richtlinien Platz findest.

Ist es nicht so, dass Du uns verlässt, wenn wir Dich beschreiben und Dir einen bestimmten Platz zuweisen in unserem Denken und Handeln? Du bist nicht mehr anwesend, nur noch Deine Hülle halten wir in der Hand, wenn wir Dich zwingen, eine feste, von uns ausgedachte Rolle in unserem Weltbild zu spielen. Du wirst ein leeres Wort, eine Drohung oder eine Ausrede.

Wie oft wirst Du missbraucht als Grund für eine Handlung, die wir selbst nicht verantworten können. Deinen Namen musst Du hergeben für ein enges Weltverständnis, für eine spröde Moral, doch Du lässt Dich nicht einfangen. Wer glaubt, einen Lichtstrahl in die Hand nehmen und ihn für sich behalten zu können, ist töricht.

Gott, Du bist Freiheit. Ich springe in Dich hinein und werde selber frei. Du schenkst mir den inneren Raum, in dem ich mich frei bewegen kann. Erst jetzt weiss ich, was es heisst, frei zu sein.

Bis an die Wolkenränder tanze ich mit der Seele und purzle durch die Träume in einem Feld gelb blühender Blumen. Mit Flügeln des Windes wirble ich durch die offenen Räume eines Abends. In eine Quelle tauche ich ein bis zum reinen Grund, lasse mich vom kräftig dahin gleitenden Fluss mitreissen und strecke die Arme aus nach dem neuen Ufer. Ich überschlage mich in einer Welle und werde sanft auf einen warmen Strand gespült.

In Dir erfahre ich Freiheit, die als warme Lichtquelle Körper und Seele durchdringt. In jedem Menschen gibt es die Sehnsucht und den inneren, unbeirrbaren Wunsch nach Freiheit. Wir ahnen, dass es die tiefste Bestimmung des Menschen ist, frei zu sein. Durch wie viele Irrwege lässt Du uns gehen?

Einmal denken wir, dass Freiheit käuflich ist. Wir setzen unser ganzes Vermögen dafür ein, von den uns auferlegten Zwängen freizukommen, doch wir verfangen uns nur noch tiefer in neuen Unfreiheiten. Einmal wollen wir mit Gewalt die Freiheit erkämpfen und geben uns der Illusion hin, mit Waffen Freiheit zu erlangen. Einmal sind wir überzeugt, dass die Freiheit im Verzichten liegt. Wie gut wäre es, wenn der Mensch endlich von seinen Abhängigkeiten loskäme und die physischen und gesellschaftlichen Fesseln abstreifen könnte, um einfach nur frei zu sein.

Nur in Dir finde ich Freiheit. Mein Körper trägt die Fesseln dieser Welt. Wenn ich alt und gebrechlich werde, schmerzt mein Rücken, meine Füsse werden schnell müde und versagen ihren Dienst.

Täglich wird über mich ein Netz von Pflichten und Notwendigkeiten geworfen. Ich werde beurteilt, getadelt, missverstanden oder auch viel zu sehr gelobt. Einem kleinen Rad gleiche ich, eingespannt ins grosse Getriebe der Gesellschaft.

In Dir aber, Gott, bin ich frei. Ihr Menschen könnt mich fesseln, einsperren, gefangen nehmen. Ihr werdet es aber nie schaffen, mir meine Freiheit zu rauben. In meinem Innersten, da, wo ich mit Dir spreche, da, wo wir uns treffen, im weiten Land der Seele, bin ich frei.

Mit Dir tanze ich übers Wasser. Purzelbäume schlagend lache ich Tränen und breite Flügel aus. Auf einer an den Himmel gestellten Leiter steige ich hinauf und hinunter. Den Engeln setze ich mich auf die Schultern und lasse mich tragen. Ich jongliere mit meinen Träumen und werfe sie Dir zu. Die Steine der Pflichten und Sorgen schleppe ich nicht herum. Ich hüpfe, spiele und bin in Dir vergnügt.

Gott, in Dir bin ich frei.

9. Der Spiegel

Je länger ich mit Dir spreche, umso mehr drängt sich mir die Frage auf, wer ich selber bin. Natürlich glaube ich, mich zu kennen. Ich habe einen Namen und einen Beruf. Ungefähr weiss ich, wo meine Stärken und Schwächen liegen. Doch wenn ich mich Dir hingebe, erscheint meine Person in einem neuen Licht. Alles, was ich über mich weiss, scheint in Frage gestellt zu werden. Wo ist mein Ursprung, woher komme ich?

Wenn ich in Deiner Nähe bin, wird mir schwindlig. Alles um mich herum beginnt sich zu drehen. Die Welt steht Kopf, denn mein Wissen über mich selbst ist weggefegt.

Es bleibt ein leeres Blatt. Das, was darauf steht, ist verwischt. Die einfachen Antworten zerbrechen. Fragend und staunend stehe ich vor meiner Existenz. Was sehe ich, wenn ich in den Spiegel schaue? Stehe ich mir selbst gegenüber? Wer bin ich?

Du bist der Spiegel. Ich erkenne mich selbst darin neu, so, wie ich mich noch nie gesehen habe. In Dir erkenne ich, dass ich meinen eigenen Ursprung in Dir und in Deiner Ewigkeit habe. Ich entspringe aus Dir wie eine Quelle, die der Anfang eines langen, durch viele Länder fliessenden Flusses ist.

Wenn ich mit Dir spreche, möchte ich für einmal meinen Namen vergessen. Alles, was ich geleistet und verdient habe, lege ich ab wie ein schweres

Kleid, das gerade anfing, mich zu behindern. Meine Sprache, die ich durch viel Fleiss zu verfeinern versuchte und mein Wissen, welches ich mir in den langen Lesestunden angeeignet habe, lege ich ab. Vor Dir stehe ich in meiner nackten Existenz. So bin ich!

Jetzt versuche ich nicht mehr, meine Schwächen vor Dir zu verbergen, denn ich will dich nicht täuschen. Ich schaue in den Spiegel, der immer klarer und reiner wird. Allmählich beginne ich, mich neu zu erkennen. Gott, wie soll ich es beschreiben? Gibt es menschliche Worte für etwas, das sich in Deiner göttlichen Realität abspielt?

Der Mensch ist eine Saite, die gespannt ist zwischen den Rändern der Zeit. Sie schwingt und klingt im Raum, den Du, Gott, ihr gibst. Das Wesen eines Menschen macht seine Seele aus. Sie ist ein durchsichtiger Wind, der von der Ewigkeit herweht und alles durchdringt.

Die Seele ist der Atem Gottes. Sie ist der Hauch, in welchem das Geheimnis des Lebens verborgen liegt. Die Seele ist unsterblich, der Tod hat über sie keine Gewalt. Ja, sie fügt sich in den Körper ein, oft wird sie verdunkelt oder zugedeckt durch schwere Wolken der Gedanken oder Taten des Menschen.

Immer wieder befreit sich die Seele. Sie hat in sich eine lebendige Erinnerung an ihren Ursprung, dies gibt ihr die Kraft, enge Grenzen zu sprengen und vom Dunkel ins Licht zu streben, auch wenn sie von tausend Schatten bedrängt wird.

In Deinem Spiegel erkenne ich meine Seele und gebe mich ihr hin. Sie flattert wie eine frohe, mutige Fahne im Wind. Wenn die Seele tanzt, ist sie nicht beschwert mit den Gewichten der Zweifel. In den Träumen, im Schlaf, in den von Glück erfüllten Momenten breitet sich die Seele aus und trägt mich zu einer neuen Erkenntnis meiner selbst: Ich suche mich in einem grösseren Zusammenhang.

Der Mensch spannt einen Bogen über den Horizont der Zeit. Eine Bergkette zeichnet sich ab am Himmel über der grossen Ebene. Ein Regenbogen wölbt sich über der Erde.

Warum fällt der Mensch so schnell wieder ins Kleine zurück. Plötzlich tauchen die Aufgaben und Sorgen des Alltags auf. Die Zeit besteht aus vielen kleinen Teilen, die nicht zusammengesetzt werden können.

Welches sind heute meine Aufgaben? Was muss ich leisten? Wie sehen mich die anderen Menschen, was erwarten sie von mir? Wer bin ich in ihren Augen?

Gott, Du bist auch heute mein Spiegel, in dem ich mich sehe, wie ich bin.

10. Das Spiel

Du erscheinst uns Menschen hoch und erhaben. Eine Aura des Heiligen und Unnahbaren umgibt Dich. Wie kommt es, dass die Menschen ernst werden, wenn sie an Dich denken? Sie verstummen, ihr Lachen und Plaudern hört auf, wenn Sie Deinen Namen nennen.

Liegt es daran, dass wir um Dich einen schweren Mantel des Ernstes legen? Schon unseren Kindern bringen wir bei, dass sie flüstern und in Ehrfurcht sich vor Dir beugen sollen. So kommt es, dass manchmal in den Kirchen eine bleierne Schwere liegt und eine Glocke aus Stahl über die Menschen gelegt wird.

Gefällt Dir diese grosse Ehrfurcht, die unseren Atem ins Stocken bringt? Tritt Dein wahres Wesen zurück hinter den Anstand, den wir uns vor Dir selber auferlegen? Verbreitet sich nicht gerade an jenen Orten, die wir für Deine Gegenwart geschaffen haben, eine Leere und Starre?

Du bist uns nahe und mischst Dich in unser Leben ein. Du lachst und tanzest mit uns, Du schweigst und sprichst. Darf ich Dich bitten, dass Du heute mit mir spielst?

In meinen Händen halte ich einen Ball und werfe ihn Dir zu. Fange ihn auf und wirf ihn mir zurück. Es ist der Atemball, den ich Dir zuwerfe. Er entsteht, wenn ich aus und wieder einatme. Zwischen meinen Handflächen spüre ich seine glatte, durchsichtige Oberfläche. Du fängst den Ball auf, wirfst ihn in die Höhe, dass er in Deinem Licht glitzert, bis er in einem runden Bogen wieder zu mir zurückfliegt.

Wieder werfe ich Dir den Atemball zu, jetzt beginnt er sich immer schneller zu drehen. Ich balanciere ihn auf meiner Fingerspitze. Mit einem kleinen Stoss bewege ich ihn weg von mir zu Dir. Du hältst ihn nicht fest, sondern gibst ihm einen neuen Drall, dass er sich noch schneller dreht und sich ausdehnt.

Der Atemball wächst an, dass ich in ihm Platz finde, wenn er zu mir zurückkommt. Ich breite die Arme aus und drehe mich darin, dass ein Kreis entsteht, in dessen Mitte Du Deinen Finger hältst, bis der Ball platzt und zusammenschrumpft auf die Grösse einer Nadel.

Wünschst Du Dir, dass wir öfter mit Dir spielen und der Ernst aus unseren Gesichtern weicht? Wie vergnügt müssen die Engel sein, da sie immer, eine Ewigkeit lang, mit Dir spielen. Sie kitzeln Dich mit ihren Flügeln, schlagen das Rad, schweben aufeinander zu, überschlagen sich und lachen Dir zu. Dein himmlischer Humor muss köstlich sein.

Darf ich Dich wie einen Spielball immer bei mir tragen? Wenn ich vergnügt bin, jongliere ich mit Dir und übe so lange, bis ich Dich auch aus den kühnsten Drehungen heraus wieder auffangen kann. Ich werfe Dich anderen Menschen zu, wenn diese vergrämt sind und schon verlernt haben, wie die Kinder spielen. Vielleicht erschrecken sie zuerst über diesen Spielball, der direkt aus dem Himmel ihnen vor die Füsse fällt. Sie beachten ihn nicht und stolpern darüber. Dann heben sie ihn auf, um ihn aus dem Weg zu werfen.

Gibst Du uns immer wieder eine neue Chance? Wenn wir an diesem Spielball Freude bekommen, ihn in die Höhe werfen, tanzen und andere ins Spiel mit einbeziehen, so bist Du mitten unter uns.

Wenn Kinder miteinander spielen, Gott, bist Du ihr Spielball. Ein Stück Himmel leuchtet in ihren Augen und in ihrem Lachen auf.

Gott, lass mein ganzes Leben zu einem solchen Spiel werden, in dem Du der Spielball bist. Lass mich mit Dir in jedem Augenblick, in jeder Begegnung mit anderen Menschen, in jeder auch noch so schwierigen Situation, in jedem Alter, auch wenn ich von den vielen Jahren gebeugt bin, bei jedem Atemzug mit Dir spielen.

Vielleicht hast du die Erde und den ganzen Kosmos deshalb erschaffen, dass Du Dein göttliches Spiel mit Deinen Geschöpfen spielen kannst.

Wie aber begegne ich dem Ernst, der mir oft im Alltag entgegenschlägt. Ernste Gesichter mahnen mich zum Anstand und zum Einhalten von Regeln. Ernste Sätze und Gesetze regeln den Ablauf und die Ordnung in der Gesellschaft. Ernste Blicke verschaffen Respekt.

Du sagst mir, dass es Dir ernst ist mit dem göttlichen Spiel unter den Menschen. Ich ahne, welchen Ernst Du meinst. Du bist hoch und erhaben, doch deswegen müssen wir nicht vor Hochachtung erstarren. Du sagst, dass wir wie die Kinder werden sollen, die das Leben als ein Spiel sehen. Sie hüpfen über die Strassen, sammeln Blumenblätter, erfinden mit Puppen eine neue Welt.

Darf ich mich dem Spiel hingeben und fröhlich über die Strassen hüpfen? Darf ich mich über einen Käfer freuen, der mir auf die Hand fliegt?

11. Liebe

In welchem Verhältnis stehen wir zueinander, wenn ich mit Dir spreche? Bist Du der Ewige, Unerreichbare, der in seinem Licht eingeschlossen ist? Hast Du ein Gesicht, hast Du Hände und Füsse? Bist Du männlich oder weiblich, soll ich Dich als Vater oder als Mutter ansprechen? Oder dürfen wir von Dir nichts wissen und deshalb nicht nach Dir fragen? Bin ich zu klein für Dich, ein Sandkorn, ein Strohhalm, ein Regentropfen im Vergleich zu Deiner Ewigkeit?

Treffen nicht zwei ungleiche Teile aufeinander, die nicht miteinander verbunden werden können?

Aus dem Innersten bricht eine Kraft hervor, die nicht nach Erklärungen und Gründen fragt. Diese Kraft ist ein Fluss, von dem man nicht weiss, woher er kommt und wohin er geht. Ist dieser Fluss, den ich in mir spüre, Liebe?

Ich werde nicht müde, Dir Fragen zu stellen und Dich mit meinem Denken zu umkreisen, um Dich zu verstehen. Antwortest Du mir mit Liebe?

Wenn der Wüstenwind der Fragen weht, bin ich wie das Land, das in der Sonne vertrocknet und dessen Erde aufreisst.

Du bist der Fluss, der mich überflutet und mir Nahrung und Hoffnung schenkt. Du bist ein Fliessender, in dessen Strömung mein Leben Sinn bekommt. Du füllst das leere Tal und das ausgetrocknete, mit Steinen versperrte Flussbett. Durch meine Adern fliesst Du und verleihst jeder meiner Bewegungen Kraft. Beginnt nun eine Liebesgeschichte?

Liebende reden zärtlich miteinander und flüstern. Es ist nur ein Hauch im Ohr, der kitzelt und der sich im ganzen Körper mit feinen Wellen verbreitet. Liebende vertrauen sich gegenseitig ihre innersten Geheimnisse an. Sie öffnen einander das Herz, eine unsichtbare Brücke entsteht, die nicht abbricht, sondern immer stärker und tragender wird. Ein Regenbogen spannt sich aus zwischen den Herzen, in dem alle Farben leuchten.

Liebende umarmen sich. Sie schenken einander Wärme und Geborgenheit und geben sich hin bis in den Schlaf. Auf ihrem gemeinsamen Weg schwingen ihre Gedanken zusammen, dass oft eine Vorahnung entsteht, welches der nächste Schritt oder das nächste Wort sein wird.

Sind wir nun in der Liebe verbunden? Darf ich von nun an darauf vertrauen, dass Du mich liebst? Mir wird alles leicht. Warum mache ich mir Sorgen um meine Zukunft? Warum fühle ich mich beschwert durch meinen Alltag? Warum ziehen Zweifel wie Nebelschwaden durch mein Leben? Warum sitzt manchmal noch Angst wie ein Schatten hinter den Gedanken?

Gott, wenn Du mich liebst, kann mir nichts Schlechtes mehr geschehen. Jeder Schritt ist von Deiner Liebe umgeben. Ich bin nicht mehr allein. Wenn du mich liebst, muss ich mich nicht durch

Steinwüsten kämpfen, ich falle nicht in enge Abgründe und werde nicht in Schluchten hinab gestossen.

Ich will Deine Liebe erwidern. Meine Ohren sind wie leere Schalen, um Deinen Liebeshauch zu hören. Mit meinen Händen spüre ich in den Fingerspitzen Deine zärtliche Berührung. Wenn ich meine Augen schliesse, versinken die Bilder des vergangenen Tages. Du bekommst Raum, bei mir einzukehren.

Es wird still. Die vielen Stimmen, die mich am Tag bedrängten, verstummen. In der Nacht breitet sich der Sternenhimmel über der Erde aus. Eine Ahnung steigt in mir hoch, dass der Kosmos rund ist. Eine Kugel umgibt mich, welche tausend Galaxien, Sternenräume und Lichtjahre enthält. Warum besteht das Universum?

Deine Liebe ist der Kosmos, der mich umfängt und sich Lichtjahre hoch über mich erhebt. Deine Liebe ist die Kraft, welche die Sterne auf ihren Bahnen hält und das Leben im Innersten bewegt. Sie ist in meine Handfurchen eingegraben.

Du legst den Kosmos in meine Hand.

12. Suche

Jeden Tag suche ich Dich neu. Du hast in mir die Liebe entfacht, auch heute möchte ich bei Dir sein.

Warum gehst Du immer wieder von mir fort, gerade dann, wenn ich mich Dir am nächsten fühle? Du nimmst Abschied und lässt mich allein. Wie kannst Du mein verlässliches Gegenüber sein, wenn Du Dich entziehst? Weisst Du, dass ich mich schon oft verlassen fühlte, weil Du nicht bei mir bleibst?

Manchmal beginne ich einen Satz zu sprechen, Du wendest Dein Ohr ab, sodass ich annehmen muss, meine Worte verhallen im Leeren.

Täusche ich mich? Könnte es sein, dass Du dennoch bei mir bist, auch wenn ich meine, Du seiest gegangen? Kommt es davon, dass wir Dich nicht festhalten können?

Vielleicht möchte ich die Nähe zu Dir für mich behalten. Dass Du da bist, ist für mich so einmalig und wunderbar, dass ich Dich nicht gehen lasse. Aber genau in diesem Augenblick entziehst Du Dich mir. Du löst Dich auf, meine Hand ist leer, meine Augen sind blind, meine Ohren sind taub. Jedes Mal muss ich wieder an den Anfang zurückkehren. Ich beginne von vorne an dem Punkt, wo ich von Dir noch nichts weiss, als würden wir uns zum ersten Mal begegnen.

Es liegt an mir. Ich will Dich nicht verlieren, weil

Du mir heilig bist. Deswegen bist Du mir nicht böse, ich aber muss Dich auch heute suchen. Wo bist Du?

Es ist ein verlorener Tag, wenn ich Dir heute nicht nahe sein kann. Weil wir schon eine Geschichte miteinander haben, weiss ich, wo ich Dich suchen muss. Die Goldgräber kennen durch ihre langen Erfahrungen den Ort, wo am ehesten Gold zu finden ist. Sie graben nicht dort, wo noch niemand fündig geworden ist.

Ich suche Dich an jener Stelle, die mir selbst am nächsten ist und nicht an einem mir fremden, weit entfernten Ort, von dem ich lediglich gehört habe, Du wärest dort anwesend.

Im Wind suche ich Dich, der mir übers Gesicht streicht, wenn ich am Morgen das Haus verlasse.

Im frischen Geruch der Wiesen, die über den Zaun der Strasse entlang duften, im Lichtstrahl, der früh neben meinem Bett durch die Vorhänge dringt und auf der Wand eine Lichtrose malt, suche ich Dich.

Im ersten Wort, welches ein geliebter Mensch mir sagt, im Traum, wenn Bilder aus der Tiefe aufsteigen und eine Welt formen, die mit mir zu tun hat, suche ich Dich.

In der Stille, wenn am Abend die letzte Türe geschlossen wird und mein von Gedanken schwer gewordener Kopf auf dem Kissen liegt, suche ich Dich.

Im Lärm der ankommenden Züge im Bahnhof,

im Durcheinander von Menschen, im Gewühl von Stimmen und Gerüchen, in den verschiedenen Zielen, Meinungen und Farben, die zufällig durcheinander geworfen sind, suche ich Dich.

In meinem Herz suche ich Dich.

Mein Herz ist eine Landschaft, in der es Wälder gibt, die sich über Hügel hinziehen. Du kennst sie und hältst Dich gerne in ihr auf. Da ich Dich schon oft in meinem Herzen gefunden habe, suche ich Dich dort.

Vielleicht verbirgst Du Dich in einem Tal, welches noch unberührt und unerforscht daliegt. Du bist hinter einem Busch von brennenden Rosen. In der Landschaft meines Herzens halte ich Ausschau nach Dir, bis Du mir begegnest.

Du wehst mir entgegen. Ich spüre Deine Wärme und Deine Nähe. Nicht wie eine Person, die mich erschreckt oder bedrängt, begegnest Du mir, eher wie ein Hauch, der durch mein Herz weht, eher wie eine Sonne, die über den Wäldern und Hügeln aufgeht und tief bis in die verborgenen Winkel dringt.

Du begegnest mir wie ein feiner Regen, der die vertrockneten Halme aufrichtet und den gelben, verbrannten Wiesen das Grün zurückgibt.

In meinem Herzen ist Deine Heimat. Du kennst jeden Baum und jeden Weg, denn Du bist der Gärtner, der die Sträucher wieder zum Blühen bringt und die seltenen, feinen Pflanzen aus dem Dickicht befreit.

Wenn nach einem strahlenden Tag wieder Stille einkehrt, hüllst Du das Land meines Herzens in Nebel ein. Du verleihst meinem Herzen Gedeihen und Wachstum, dass daraus ein Dich lobender und preisender Garten wird.

13. Klagen

Mir ist Unrecht widerfahren. Ich rufe zu Dir: Schaffe Gerechtigkeit! Warum lässt Du es zu, dass das Böse sich ausbreitet? Warum wird das, was aus Liebe gewachsen ist, zerstört?

Falsche Worte sind wie Speere gegen mich gerichtet und wollen mich treffen. Eine dunkle Wolke hüllt alles ein und verschlingt das Licht.

Warum darf sich die Unwahrheit ausbreiten? Warum wachsen Lügen wie Schlingarme und ersticken das Leben? Warum kommt ein Sturm und reisst das Bewährte aus, das hilfreich ist für andere Menschen und Sinn bringt?

Warum peitschen Winde mit scharfen Klingen auf mich ein? Warum können Menschen in ihrem Herzen so viel Böses tragen und es über andere ausgiessen? Warum sind Menschen so grausam?

Sie töten mit Worten, mit Blicken und mit Waffen. Warum bekommt der Krieg Raum in Deiner Schöpfung, sodass das Vertrauen unter den Menschen zerstört wird?

Freunde werden Feinde. Sie gehen bis ans Äusserste der Grausamkeiten. Auch im Schlechten gibt es Stufen, ein böses Wort beginnt beinahe harmlos. Dann aber kann sich ein Mensch so sehr verdunkeln, dass er nur noch die Vernichtung der anderen und aller Lebensgrundlagen will.

Das Böse blendet Augen, fesselt Hände, lähmt Beine, sprengt Häuser, legt Bomben, entfacht Feuer, reisst Menschen auseinander. Was bleibt am Ende? Ein Haufen verbrannter Erde, Trümmer, Tränen, Wunden und Verletzungen, es bleibt die Frage: Warum?

Siehst Du das Leiden der Menschen, denen Unrecht angetan wird? Siehst Du die Flüchtlingslager, die eingestürzten und ausgebrannten Häuser, die zerstörte Arbeit? Gott, bist Du ein Mitfühlender, der den Schmerz der Menschen empfindet? Leidest Du mit uns?

Ist Dir ein Verletzter, eine Ausgestossene, ein Verstümmelter nahe? Sage mir nicht, dass Dir all das Leiden in unserer Welt gleichgültig ist. Gott, beweise mir, dass Du das Böse ablehnst und bei den Schwachen bist.

Ich habe erfahren, dass Du liebst und dass Deine Liebe alles durchdringt. Jetzt komme ich zum tiefsten Punkt unserer Beziehung. In dieser einen Frage ist unsere Verbindung verwurzelt: Warum lässt Du das Böse zu?

Schaust Du zu, wie Ungerechtigkeit geschieht? Warum greifst Du nicht ein und sagst mit Deiner mächtigen, aber liebenden Stimme: Hört auf damit!

Natürlich könntest Du mit Deiner schaffenden Kraft das Böse ans Licht zerren, dass es sich augenblicklich auflöst. Es müsste in Deiner Hand zucken, zappeln und sich Dir fügen.

Du hast eine Macht, die über den Kosmos hinausgeht. Mit ihr hast du die Planeten auf ihre Bahnen gebracht. Jetzt setze dem Leiden ein Ende!

Grosse Wut und Ärger packen mich! Bin ich wütend auf Dich? Stimmt es, dass Du dem Bösen ganz bewusst Raum gibst auf unserer Erde? Ist es ein von Dir geschaffener Baum in Deinem Garten? Kommt das Böse in Deinem Plan vor, hat es auch eine bestimmte Aufgabe?

Ich verstehe Dich nicht! Wirst Du mir fremd? Gibt es in Deinem Gesicht auch eine dunkle Seite? Dürfen wir das Gute und das Böse nicht als zwei sich gegenüberstehende Prinzipien verstehen?

Ist der Schatten mit dem Licht verwandt, hängt das Böse auf geheimnisvolle Weise mit dem Guten zusammen? Besteht zwischen ihnen eine Verwandtschaft, die nur Du kennst und die unser Denken bei Weitem übersteigt?

Bist Du noch umfassender, als ich jemals gedacht habe, dass ich Dich jetzt von einer neuen Seite kennen lerne? Umfasst Du den Tag und die Nacht, das Hohe und das Tiefe, das Gute und das Böse? Wird Dich die Ungerechtigkeit nie besiegen und der Krieg Dich nicht zerstören, wird das Böse Dich nicht überwältigen und der Schatten Dich nicht verschlingen, da Du auch die Ungerechtigkeit, auch den Krieg, auch das Böse in Deiner Hand hältst?

14. Leiden

Was ist mein Leiden im Vergleich zum Leiden anderer Menschen? Glühende Kohlen haben mich gebrannt, Schmerz durchfuhr meinen Körper. Was ich liebte, ist aus meinem Herz gerissen worden. Ich verlor mein Haus und den Ort, an dem ich mich heimisch fühlte, denn ich wurde in die Wüste geschickt und ging durch fiebrige Stunden.

Wie gering jedoch ist mein Leiden im Vergleich zu allen anderen leidenden Menschen auf unserer Welt. Ich ahnte immer, dass im Leiden ein grosses Geheimnis verborgen liegt, deshalb scheue ich mich nicht, dem Leiden zu begegnen.

Kranke Menschen liegen in ihrem Bett mit grossen, entsetzten Augen. Schmerz hat sie ausgehöhlt, es bleibt nur noch eine dünne, zerbrechliche Schicht ihrer Existenz. Sie verbeissen sich ins letzte Stück Hoffnung, das ihnen noch bleibt. Ihr Gesicht wird durchsichtig. Sie streifen die bekannte Welt ab wie eine verbrauchte Haut. Ihr Inneres wird sichtbar. Sie können nicht mehr verbergen, was ihr tiefstes Geheimnis ist. Plötzlich tauchen in ihren Augen die Geschichten auf, die ihr Leben prägten. Gefühle umgeben sie, welche sonst nur in den stillsten Träumen sich zeigen.

Gott, das Leiden! Warum stösst Du die Menschen in die Ohnmacht. Warum entblösst Du sie in ihrer Würde und beraubst sie ihrer Kraft?

Gott, das Leiden! Wie ein Schrei fährt es auf, zerstört die schönen Bilder, zerbricht die Harmonie, zerrüttet das Vertrauen.

Warum verschliesst Du den Himmel und lässt die Erde vertrocknen, dass ganze Völker verhungern? Ihre Bäuche blähen sich auf, ihre Augen versinken in tiefen Höhlen, ihre Finger sind dürr. Glühender Schmerz stört den Schlaf. Kinder schreien unaufhörlich in der Nacht.

Gott, das Leiden!

Warum entstehen aus nichtigen Streitigkeiten grosse Kriege? Einige halten an ihrer Macht fest oder geraten in den Wahnsinn.

Gott, die vielen Verbrennungen der Haut und die von herab fallenden Trümmern geschlagenen Wunden verheilen nicht mehr. Kinder irren umher in zerschossenen, ausgebrannten Ruinen und suchen nach ihren Eltern. Die Nacht ist voller Angst, dass es nochmals geschieht und nochmals, dass plötzlich ein Gewehrlauf auftaucht und nochmals schiesst und schiesst.

Es ist Wahnsinn, dass Menschen sich hinter Sandsäcke legen, den Kopf in ihre Händen vergraben und zitternd um ihr Leben flehen.

Die Flutwelle türmt sich aus dem Meer heraus auf, überrascht ganze Küstengegenden und fegt weg, wirft durcheinander, zertrümmert.

Der Sturm sammelt seine Kraft über dem Meer, dehnt sich lange im Drehen aus, bis er aufs Land trifft und Häuser durch die Luft wirbelt.

Warum gibt es das Leiden? Willst Du uns zeigen, dass wir nur in Dir einen sicheren Halt finden und dass wir uns auf das Irdische nicht verlassen können? Liegt im Leiden ein Mysterium?

Gibt es im Inneren des Leidens einen Kern, der Deine ganze Fülle enthält? Stossen wir immer auf Dich, wenn wir durch die grösste Verzweiflung, durch die brennenden Schmerzen hindurch gegangen sind?

Hast du Dich im Leiden verborgen, damit wir Dich in der Schwäche und in der Ohnmacht finden? Könnte es sein, dass das Leiden ein Durchgang ist, der zu Dir führt?

So kennst Du also das Leiden so gut wie niemand sonst? Du weisst, wie verzweifelt das Kind ist, das seine Eltern verliert? Wie abgründig seelischer Schmerz ist, wie entsetzlich der Verlust eines geliebten Menschen? Du hast mich nicht verlassen, wenn ich leide, sondern bist mir näher gekommen als je zuvor?

15. Leiden der Menschen

Wie viel Leiden gibt es unter den Menschen? Eine Mutter in einem dunklen Hinterhof der grossen, lärmenden Stadt weint aus Verzweiflung, weil sie den Unterhalt ihrer Kinder nicht mehr bestreiten kann.

Der Schrei einer jungen Frau erstickt in ihrem Innern. Ein schwerer Schleier wurde ihr übers Gesicht gelegt, da sie an einen Mann verheiratet wurde, den sie nicht kennt. Ihre Schönheit muss verwelken, ohne dass sie jemals aufblühen durfte.

Hinter den schweren Türen aus Stahl sitzt ein Mann, durch die Gitter hindurch sieht er ein kleines Stück Himmel. Die Gewalt stieg in seine Arme und in seinen Kopf. Jetzt ist er eingesperrt. Welche Wege bleiben ihm zu gehen?

Eine ältere Frau liegt im Bett und starrt an die Decke, die mit einem feinen Muster überzogen ist. Sie wird nie mehr aufstehen, sie wird den Garten nie mehr erreichen, der inzwischen verwildert. Ihre Krankheit durchdringt ihre Knochen und umklammert ihr Herz.

Ein Kind durchwühlt den Abfalleimer und hofft, dass es irgendwo Essensreste findet. Es geht weiter und legt sich in die staubige Nische eines Hauseingangs. Der Lärm der Strasse geht über das Kind hinweg. Niemand sieht die Augen, die nach Geborgenheit flehen.

Die Frau geht lange vor dem Fenster auf und ab:

Wie soll ihre Zukunft aussehen? Ihr Mann hat nur einen Zettel auf dem Tisch hinterlassen und in spröden Worten erklärt, er komme nie mehr zu ihr zurück.

In den hohen Bürotürmen hinter einem der zahlreichen Bildschirme schmerzen die Augen eines Angestellten. Die Zahlen in ihren strengen Reihen verschwimmen. Der Mann klammert sich an den Tisch und nimmt noch einmal seine ganze Kraft zusammen, um sich aufzurichten, bis der Chef ihn zu sich ruft und ihm wieder mit der Kündigung droht.

Ihre Hände schmerzen. Seit dem frühen Morgen sitzt sie vor der Nähmaschine im grossen, stickigen Fabriksaal. Schmerz sticht wie ein glühendes Schwert in ihre Schultern, doch sie darf nicht aufstehen. Sie schaut die geblumten Muster der Stoffe an, die sie zu eleganten Kleidern zusammennäht und träumt von einem besseren Leben.

Der Bauer trägt auf dem Rücken die schweren Bananenstauden. Von den giftigen Pestiziden sind seine Hände angeschwollen. Er beisst auf seine Lippen. Das Geld, das er für seine Arbeit bekommt, wird nicht reichen, seine kranke Tochter zum Arzt zu bringen oder das Dach seiner Hütte auszubessern, damit seine Familie in der Regenzeit nicht im Schlamm versinkt.

Ihm sind nur noch ein Schlafsack, eine alte Decke und ein Rucksack geblieben. Wenn die Strassen leer werden, breitet er den Karton aus und legt sich darauf. Die Scheinwerfer der Autos gehen über ihn hinweg, die mitleidigen Blicke einiger Passanten perlen an ihm ab. Ist er selber zum Abfall der Stadt geworden?

Die junge Frau zieht die Vorhänge nicht mehr auf am Morgen. Im Dunkeln tastet sie nach den Tabletten und nimmt dazu ein Glas Wasser. Wie soll sie die Tage überstehen, die sich wie schwarze Löcher vor ihr öffnen?

Es gibt nur noch Wüste, auch da, wo einmal ein Feld voller Maisstauden war. Jetzt ist die Erde verbrannt von der Sonne, der Himmel ist wie Stahl. Die Menschen des Dorfes sitzen auf dem Boden vor ihrer Hütte. Einige Frauen kommen zurück mit Krügen halbgefüllt mit braunem Wasser. Die Säcke, die von einer Hilfsorganisation geliefert wurden, sind längst leer. Der Hunger frisst sich in die Seele der Menschen hinein.

Die jungen Männer stehen an der Strasse. Sie wollen nur eines: Endlich wieder Arbeit bekommen, wenn auch nur für einen Tag. Sie würden alles tun, schwere Harasse schleppen, in schmutzige Baugruben steigen, um am Abend mit einem Geldschein zurückzukehren.

Die Frau bringt es nicht übers Herz, den Schrank ihres Mannes auszuräumen und seine Kleider wegzugeben. Sie kann es immer noch nicht fassen, dass er so plötzlich aus dem Leben gerissen wurde und dass er nicht am Abend fröhlich pfeifend nach Hause kommt.

Gott, wie viel Leiden gibt es unter den Menschen? Wer hört die Schreie der Verzweiflung, die Gebete in der Not, das Flehen der Unterdrückten, das Weinen der Kranken, das Schluchzen der Verletzten?

Bist Du der Gott des Erbarmens, der das Leiden der Menschen auffängt und verwandelt in die Hoffnung einer neuen Welt? Durchdringt Dein Licht das Schwere, dass es in Deiner Nähe, in Deinem Atem leicht wird?

Bist Du bei uns?

16. Heilung

Wie werden Wunden geheilt? Gott, hast Du in
Dir eine heilende Kraft? Wenn ich mit Dir
spreche, spüre ich, dass eine geheimnisvolle Energie von Dir ausgeht.

In den Händen nehme ich einen Fluss wahr, der
kommt und geht, ohne dass ich ihn lenke. Er will
nicht bei mir bleiben, sondern weiter fliessen zu
anderen Menschen. Geht von Dir ein Fluss aus mit
heilender Kraft? Ich stelle mir dies bildlich vor.

Du bist die Quelle. Auf alle Seiten hin entstehen
Bäche, grosse und kleine, die sich einen Weg suchen. Die Menschen, die sich für Dein Fliessen
öffnen, empfangen die Bäche, die durch die Arme,
Beine, durch die Augen und den Mund hindurch
fliessen und das Verhärtete wegspülen.

Wie viele Steine liegen in meinen Adern: Verkur-
stete Gedanken haben sich abgelagert, versteiner-
ter Zorn versperrt die Wege, nicht ausgelebte, zu
Klumpen verdichtete Trauer beschwert die Seele.
Alte Enttäuschungen, die sich nie lösten, drücken
auf die Lunge, dass der Atem nicht mehr tief sinken kann. Unterdrückte Freude brennt wie über-
deckte, schwelende Kohle im Innern des Geistes.
Verhärteter Wille, der sich nie auflöste, durch-
bricht mit Gewalt das Herz.

Jetzt aber ergiesst sich Deine heilende Kraft in
meinen Körper und in meine Seele. Der Zorn wird
weggeschwemmt, das Geröll und der Schutt wer-

den fort getragen. Die Enttäuschungen versinken in diesem Fluss. Die Adern werden weit, das Denken leicht. Die Seele wird offen.

Wenn sich Dein Fluss in mir ausbreitet und mein Inneres bewässert, blüht ein Garten auf und wertvolle Pflanzen wachsen. Die leuchtenden Blumen der Liebe, die von Blüten übersäten Sträucher des Mitgefühls, die Bäume mit den reifenden Früchten des Glaubens gedeihen in mir, weil Dein Fliessen mich durchdringt.

Mein Körper wird gesund in Deiner heilenden Zuwendung. Kopfweh zieht weiter wie schwarze, drohende Wolken, die sich im Licht langsam auflösen. Du fliesst durch meinen Atem, der nun tiefer und breiter wird und durch meine Augen, die nun anders sehen und nicht durch täuschende Bilder verstellt sind.

Du fliesst durch meine Beine und Füsse, die nun anders den Boden berühren. Die Verkrampfungen lösen sich, meine Schritte werden leicht und achtsam.

Du fliesst durch meine Hände, sodass sie nicht mehr angespannt nur festhalten und in Besitz nehmen, sondern gelöst und gelassen empfangen können.

Deine heilende Kraft bleibt nicht bei einem einzelnen Menschen, sie geht weiter und sucht sich neue Orte, wo sie wirken kann. Sie fliesst in einer Berührung von einer Hand in die andere. In einer zärtlichen Umarmung geht sie von einer zur ande-

ren Seele. In einem mitfühlenden Blick berührt sie
ein anderes Schicksal.

Du suchst Dir einen Weg durch unsere Gesten
und Worte und berührst die Herzen. Deine heilende Kraft geht wie Wellen des Ozeans durch die
Menschheit.

Wie sehr spüre ich Deine Gegenwart, wenn ich
mit einem Menschen ins Gespräch vertieft bin und
plötzlich etwas Heilendes geschieht. Wenn sich
eine Seele für Deine fliessende Kraft öffnet, lösen
sich Verkrampfungen, Trauer wird weich und
durchlässig, Freude bricht aus und ein Leuchten
kommt in die Augen zurück.

Entstehen nicht viele seelische Krankheiten gerade dadurch, dass wir uns von Dir abwenden und
uns mit unseren eigenen kleinen Möglichkeiten
selber heilen wollen?

Du bist mein Arzt. Ich komme zu Dir mit meinen Verletzungen und Schmerzen. Ich vertraue auf
Deine heilende Kraft.

17. Trost

Wie finde ich Trost? Wie überwinde ich meine Enttäuschungen? Wie begegne ich den schweren und dunklen Gefühlen, wenn ich von Trauer überwältigt werde? Wenn ich nach Sinn suche und das Leben mir feindlich erscheint, wie werde ich aufgefangen?

Der Mensch sehnt sich im Innersten nach Trost. Er benötigt ihn zum Leben fast wie den Atem oder das Wasser. So sucht er ständig Trost und lässt sich häufig täuschen.

Es gibt den billigen Trost, der käuflich ist und an fast jeder Strassenecke angeboten wird: Tröste dich mit Süssem, verwöhne dich mit einem Einkauf, lenke dich ab mit einem Film oder mit anderen schrillen, gekonnt inszenierten Unterhaltungen. Decke dich zu mit Lärm, so wirst du die Stimme deiner Sehnsucht nicht mehr hören. Buche eine lange Reise, überschwemme deine Augen mit vielen grell leuchtenden Bildern, so wirst du die Schmerzen deiner Seele nicht mehr wahrnehmen. Flüchte dich in einen Glauben, der dir Erfüllung verspricht und dir eine genaue Wegbeschreibung zum Trost gibt.

Gott, mit leeren Händen stehe ich vor Dir. Ich gestehe ein, dass ich mich selber nicht trösten kann. Alle Bemühungen sind gescheitert. Der Lärm macht mich taub. Die vielen Eindrücke verwirren mich, die pausenlosen Bilder höhlen meine

Augen aus. Ich flehe Dich an, gib mir Trost!

Ich komme zu Dir, lege meine Hände zusammen und werde still. Trost kann ich nicht fordern, sagst Du mir. Trost ist ein Geschenk, Trost wächst.

Du nimmst meine Hand und führst mich auf einen Weg, der geheimnisvoll vor mir liegt. Es ist der Trostweg. Was geschieht mit mir? Zuerst wird die Trauer, die vorher diffus wie Nebel um mich gebreitet war, noch stärker. Schwarze Wolken formen sich.

Dann endlich kann ich weinen, erlösende Tränen rinnen über die Wangen. Alles Leid stürzt aus mir heraus. Meine Tränen gleiten in Deine Hand. Wie ein grosses Gefäss bist Du in mir und fängst das Schwierige auf, das aus der Trauer hervorbricht.

Am Anfang des Trostweges wird der Schmerz noch grösser. Er türmt sich auf wie ein Berg, der durch sein Gewicht alles Leben zu erdrücken droht.

Ich rufe zu Dir, Gott, und der Schmerz zerspringt. Ich schreie ihn Dir zu. Der Schmerz zerbricht in tausend kleine Stücke und fällt in Deine Hand. Du fängst jedes der kleinen Schmerzstücke auf, keines entgeht Dir, und Du benennst sie: Dies ist der Schmerz der Enttäuschung, dies ist der Schmerz des Nichtgeliebtwerdens, dies ist der Schmerz der Überforderung.

Der Schmerz löst sich in Deiner Hand auf. Es sind Steine, die in einen grossen See fallen. Zuerst schlagen sie Wellen, Kreise breiten sich aus, doch dann wird es ruhig. Auf der glatten Oberfläche spiegelt sich der Himmel.

Bist Du so tief, dass in Dir alle Schmerzen der Welt versinken? Kannst Du alle Trauer mit Deinem verstehenden Wesen umfassen?

Auf dem Trostweg stehe ich am Ende mit leeren Händen und leichten Schultern da. Ich habe die Gewichte des Schmerzes und der Trauer losgelassen, sie sind in Gott versunken.

Ich bin leicht geworden, jedoch muss ich das Gehen neu erlernen. Meine Schritte werden anders. Ich stemme mich nicht gegen die Enttäuschungen, rolle den Stein der Probleme nicht vor mir her und trage nicht die Last der Trauer. Zuerst muss ich eine neue Gangart finden. Bin ich jetzt erlöst? Der Trostweg führt aus den engen Schluchten hinaus ins Weite und in die Höhe.

Ich gebe es auf, selber einen Trost zu suchen. Du hauchst mich an mit Deinem Atem, in diesem heiligen Wind ist Trost. Du befreist mich. Trauer wird mich nicht mehr einfangen und fesseln, sie wird nicht die Fenster meines Hauses zumauern und mich nicht an meine Zweifel fest ketten oder in den Sumpf schlechter Gedanken führen.

Meine Trauer wird mir lieb, weil ich sie Dir geben darf und sie in Dir versinkt. Es sollen Schatten kommen und sich über mich legen, es sollen Stürme von Enttäuschungen über mich hereinbrechen. Hagelwetter von bösen Worten und Schwerthiebe des Schmerzes sollen mich treffen, jetzt weiss ich, dass Du mich tröstest.

Meine Tränen vertraue ich Dir an. Mit Deiner unsichtbaren Hand führst Du mich auf dem Trostweg.

18. Hören

Wie kann ich Dich hören? Du bist weit weg hinter den Bergen der Zeit. Deine Worte lösen sich auf wie Wolken am Himmel.

Gott, Du schweigst wie die Ewigkeit schweigt. Die Steine, die schon Jahr Millionen existieren, sagen nichts. Die Sterne, die sich im endlosen Raum wölben, erzählen nichts. Auch wenn ich angestrengt lausche, höre ich nichts. Werde ich Dich verstehen, werde ich Dein Wort empfangen, wenn Du Dich an mich wendest?

Was ich höre? Es gibt laute Stimmen, die sich in mein Ohr drängen. Die Welt ist laut. Lärm wogt durch die Strassen. Die Autos, die Züge, Flugzeuge erzeugen eine Wolke von Geräuschen, die sich schwer über die Stadt legt.

Wie lärmend sind die Menschen. Sie reden viel und vervielfachen ihr Gerede durch Lautsprecher und Fernseher. Alles beginnt zu reden: Die Ampel, die Schaufenster, die grellen Werbeplakate.

Den Lärm gibt es auch in mir. Gedanken sind wie laute Motoren, die dröhnend die leisen Stimmen übertönen. Es redet weiter in mir, Worte purzeln wie bunte Bälle durcheinander. Die Stimmen werden selbständig und plaudern, ohne darauf zu achten, ob jemand zuhört.

Wo ist Stille? Ich trage eine tiefe Sehnsucht nach Stille in mir. Der Lärm jedoch rollt über mich hinweg. Wenn ich ihn bekämpfe, wird er noch lauter.

Hilfst Du mir, zur Stille zu kommen?

Weil es zu laut war, habe ich den ganzen Tag das Geräusch meines Atems überhört. Jetzt richte ich meine ganze Aufmerksamkeit des Hörens auf meinen Atem. Zuerst ist er fern. Ich nehme ein leises Wehen wahr, als wäre es nicht mein eigener Atem, sondern irgendwo weit weg ein feiner Wind. Dann wird mein Ohr grösser, ich spüre, wie es wächst. Die kleinen Ohren werden zu Schalen. Sie neigen sich zuerst nach innen, um das Fliessen des Atems zu hören.

Plötzlich ist der Atem ganz nah und gleitet als feines Wehen in meine Ohrmuscheln. Neue Welten öffnen sich in diesem einen Geräusch. Es ist eine Musik, in der das Geheimnis des Lebens mitschwingt.

Ich höre! Der Wind weht über die Bergkuppen, die Wellen schlagen seit Jahrtausenden an die Klippen und sinken wieder ins Meer zurück. Blätter rauschen im Wald wie das Fliessen eines breiten Flusses. Tropfen des Regens berühren mit unzähligen Tönen gleichzeitig die Erde.

Der über die Klippen fahrende Wind pfeift vom Meer her, die Planeten klingen auf ihren Bahnen. Die Sonne, wenn sie langsam aufgeht und die sich langsam öffnenden Blumen singen.

Alles fliesst in meinem Atem zusammen, den ich anfange wie eine Symphonie zu hören. Stille kehrt ein. Stille ist immer Musik. Das Leben ist ein Klang. Ich entdecke die Begabung, Stille zu hören.

Da, wo es nichts mehr zu hören gibt, fängt das Hören erst an.

In der Stille entfalten sich die vielfältigen Klangfarben alles Lebenden. Gott, höre ich Dich? Legst Du etwas von der Fülle Deines Klanges in meine Ohren? Du sprichst nicht so zu mir, wie ich es erwartet habe. Ich höre nichts von Dir, doch gerade in diesem Nichts öffnet sich die Welt Deiner Worte.

In der Stille sprichst Du zu mir.

Wieder zerrt mich der Lärm fort. Ich taumle in die Geräusche der Welt. Das schrille Pfeifen, die Lautsprecherdurchsage, ein Motor heult auf. Doch ich beginne, Dich auch im Inneren zu hören. Ich ahne, dass Du immer zu mir sprichst.

19. Sehen

Wie kann ich Dich sehen? Willst Du wirklich nicht, dass wir uns ein Bild von Dir, Gott, machen? Wir Menschen sind darauf angewiesen, dass wir etwas in einem Bild erfassen und dadurch verstehen können. Müssen wir Dich im Bildlosen, auf einer weissen, blinden Fläche sehen?

Wir verlieren uns wie in einem Schneefeld, welches uns jede Orientierung nimmt. Bist Du oben oder unten? Bist Du gross oder klein? Bist Du dunkel oder hell? Welche Farbe trägst Du, welche Gestalt hast Du?

Die Anforderung ist gross, die Du an uns stellst! Wie sollen wir Dich lieben, wenn wir Dich nicht sehen können? Wir sollen Dir nahe sein, obwohl wir Dich nicht vom Aussehen her kennen, weil wir Dich noch nie gesehen haben? Gott, zeige Dich mir, dass unser Gespräch fruchtbar wird.

Meine Augen werden blind. An einem Tag sehe ich vieles. Menschen begegnen mir, die mir ein Lächeln schenken oder mich nur flüchtig berühren. Strassen öffnen sich vor mir und überhäufen mich mit Eindrücken.

Ein Kind spielt am Brunnen, Rosen rufen, ja schreien ihre Farben in die grauen Häuserfassaden hinein. In den Schaufenstern versuchen Puppen mit schön drapierten Stoffen meine Aufmerksamkeit auf sich zu ziehen. Zwischen Wolkenkratzern erscheint ein schmaler Streifen des Himmels,

Wolken ziehen durch die Glasfassaden hindurch. Gesichter der Wartenden prägen sich mir ein, bis die Strassenbahn kommt. Buchstaben formen sich, aus ihnen zaubert der Lesende einen Sinn hervor. Über die Bildschirme tanzen farbige Schriftzüge und Bilder: Sie wollen die Welt nachahmen, alles Geschehene verdoppelt sich.

Gott, ich werde blind. Heute habe ich Dich nicht gesehen, in den Cafés nicht, im Supermarkt nicht, im Aufzug nicht. Alle Bilder, die ich heute wahrgenommen habe, lasse ich los, indem ich die Augen schliesse. In meinem Inneren sehe ich sie noch, Teile von ihnen steigen hoch, schaukeln an mir vorbei, hüpfen, brechen auseinander.

Dazwischen gibt es leere Stellen, wo nichts ist. Kein Bild! Ich sinke tiefer wie ein Taucher in die Tiefe und lasse die Bilder an der Oberfläche zurück. Über mir flimmern sie noch und tanzen auf den Wellen. Ich sinke und werde blind, denn die leeren Stellen, wo kein Bild ist, werden grösser.

Nun geschieht etwas, auf das ich lange gewartet und nach dem ich mich immer gesehnt habe. Das Sehen verändert sich. Ich bin nicht mehr nur Betrachter, der etwas, was ausserhalb seiner selbst ist, aufnimmt. Ich werde selbst zu dem, was ich sehe. Ein geheimnisvoller Übergang kommt auf mich zu, eine Wende, eine Umkehr, die mich verwandelt.

Jetzt trete ich in einen neuen Raum ein. Vielleicht für einen kurzen Moment, der nicht messbar ist, gelange ich vom Sehen zum Schauen. Gott, alle Bilder fallen von Dir ab. Wie viele Vorstellungen habe ich mir von Dir gemacht. Das, was ich im Irdischen sah, habe ich auch auf Dich übertragen. Du wurdest der Grosse, Mächtige, Leuchtende, Starke.

Nun aber lasse ich alle Bilder von Dir los, sie zerbrechen wie eine Schale, die nutzlos wird. Du bist weder männlich noch weiblich, weder hell noch dunkel, weder gross noch klein.

Gott, gerade weil ich Dich nicht sehe, beginne ich, Dich zu schauen. Kann ich noch beschreiben, was ich von Dir wahrnehme? Darf ich noch Wörter gebrauchen, um darzustellen, was jetzt in mir geschieht?

Ich schaue etwas, was in keinem Bild zu fassen ist. Kein Künstler kann jemals darstellen, was Du bist. Im Schauen ist nur noch Staunen. Wie klein sind meine Hände, mein Mund, meine Augen, meine Worte. Du machst mir Mut, so oft wie möglich zum Schauen zu kommen.

Es genügt schon, wenn ich weiss, dass ich mit meinem Sehen Dich nicht sehen kann. Du bist hinter den Bildern. Ich bleibe nicht vor dem Bild stehen als neutraler Betrachter, sondern lasse mich hinein fallen und verschmelze damit, bis ich selbst Dein Bild werde.

Du bist der goldene Grund aller Bilder, Du, Goldgrund eines jeden Menschen. Das Kind spielt am Brunnen auf dem goldenen Grund. Hinter den

Strassen, Hochhäusern, Bäumen, hinter den vielen Menschen schimmert der goldene Grund. Wenn ich die Augen schliesse, sehe ich das Kind, die Strassen und die Hochhäuser nicht mehr, sondern nur noch den goldenen Grund.

20. Entdecken

Gestaltest Du, Gott, mein Leben oder bin ich es, der handelt, arbeitet und bestimmt? Mein Leben gleicht einer Landschaft, die nicht ich selber angelegt habe, sondern die Du geschaffen hast. Wo die Seen sind, wo Berge sich erheben, wo die Täler abfallen, wo sich die Ebene erstreckt, wo plötzlich Gletscher hinabreichen, dies hast Du bestimmt.

Als Entdecker mache ich mich auf, das Land zu erkunden. Nie hätte ich gedacht, dass die Berge so mächtig sind. Schluchten muss ich umgehen. Flüsse kann ich nicht überqueren, Wälder sind tief, dass ich mich darin verlieren kann. In der Ebene brennt die Sonne, bis ich den kühlen Wind vom Meer her spüre.

Allmählich lerne ich das Land meines Lebens kennen. Ich entwerfe eine Karte, um mich zu orientieren. Wichtige Punkte zeichne ich ein, damit ich einen Überblick bekomme. Distanzen, Erhebungen messe ich aus, mein Leben erschliesst sich mir allmählich.

Es ist jedoch ein grosser Irrtum zu glauben, ich hätte mein Leben erforscht und würde es nun kennen. Im Gegenteil; es gibt die Wildnis, wo noch nie ein Weg angelegt wurde und von der ich immer wieder überrascht werde.

Die Kraft des Meeres lässt sich nicht bändigen. Die felsigen Küstenabschnitte werden nie zugänglich sein. Ganze Täler bleiben leer, weil sie zu gebirgig sind. Bergabschnitte werden nie erschlossen, weil schon die Zufahrtswege zu lang wären. Flussläufe, die sich durch die Ebene schlängeln, bleiben allein, sie sind zu weitläufig, um Brücken darüber bauen zu können.

Mein Leben ist ein Land, das noch lange nicht vermessen, noch lange nicht überall bewohnt ist. Es gibt Stunden, welche wie die undurchdringbare Wildnis der grossen Wälder sind. Momente glänzen wie noch nie begangene Gletscher in der Sonne. Gefühle überschlagen sich wie Wellen und prallen schäumend an die Klippen.

Träume stürzen wie Wasserfälle von Felsen hinab. Tage liegen wie eine grosse, eintönige Ebene vor mir, von der man kein Ende, sondern nur den geraden Horizont sieht. Ängste ziehen sich durch die Wochen wie Schluchten, in welche kein Pfad hinabführt. Momente der Freude leuchten wie helle Sanddünen vor dem dunklen Meer. Stunden der Trauer sind so undurchdringlich wie das Gebüsch in der Steppe.

Mein Leben ist ein Land, das Du, Gott, geschaffen hast, deshalb ist es Dein Land. Ich erwache am Morgen und freue mich, Dein Land zu entdecken. Was wird mir heute begegnen? Werde ich seltene Muscheln finden, wenn sich das Meer zurückzieht und etwas von seinem Reichtum preisgibt? Werde ich von einem Hügelrücken in ein Tal hinab sehen, das mir einen neuen Weg verspricht? Werde ich in einem Talkessel stecken bleiben, in welchem sich der Himmel verengt und Felswände sich vor mir auftürmen?

Wird eine Nebelwand sich vor die schöne Aussicht stellen, dass ich genau auf meine Schritte achten muss, um mich nicht zu verirren? Wird ein Feuer im dürren Geäst der Steppe ausbrechen und Rauch alles einhüllen oder gibt es einen klaren Tag, an dem sich das Land in der grössten Schönheit zeigt?

Gott, wie wunderbar ist die Erkenntnis, dass nicht ich selber mein Leben bestimme, sondern dass ich der Entdecker Deines Landes sein darf.

Viele Menschen beklagen sich darüber, dass ihr Leben eintönig ist. Sie haben das Gefühl, ihr in gleichförmiger Routine sich abspielendes Leben so gut zu kennen, dass ihnen nichts Neues begegnet.

Ich rufe ihnen zu: Geht hinaus an die Klippen eurer Träume, spürt den Wind, der von der Ewigkeit her weht. Seht die Berge, die alles überragen, was ihr je selber gebaut habt. Setzt euch an die Flüsse der Seele, deren Ursprung ihr nicht kennt. Werdet selbst zu Entdeckern eines Euch anvertrauten Landes!

21. Glück

Manchmal erscheint das Glück wie eine unerwartete Insel inmitten des Alltags. Öffnet sich plötzlich der Himmel? Fällt ein Lichtstrahl von Deinem Licht auf mein Gesicht? Berühren die Flügel eines Engels den äussersten Rand einer Stunde, dass sie in diese göttliche Bewegung gerät?

Verdichtet sich ein Erlebnis so sehr, dass es zu glühen beginnt und wie eine kleine Sonne leuchtet? Kommt das Glück davon, dass Du Deine Fülle nicht mehr zurückhältst und sie meine Zeit überflutet?

Wenn ich das Glück festhalten will, verschwindet es sofort wieder. Der Engel erschrickt, wenn ich seine Flügel umklammere. Dein Licht erlischt, als wäre es nie gewesen, wenn ich es als meinen Besitz ansehe. Warum ist es so schwierig, dem Glück zu begegnen? In mir erwacht das Begehren, das Glück zu behalten und es in mein Denken und Sein einzuschliessen.

Warum entziehst Du uns das Glück? Weisst Du, welchen Schmerz Du uns damit zufügst?

Wie grausam ist es, wenn Du uns eine Erfüllung, die unser Leben zum Blühen bringt, wieder nimmst. Ein mit Wärme und Wohlbehagen gesegneter Tag bricht ab durch ein Hagelgewitter. Ein geliebter Mensch wird aus einer Liebesbeziehung gerissen durch einen tragischen Tod. Eine Arbeit, die viel Frucht brachte, wird durch Neid einiger weniger Menschen schlecht gemacht. Eine Krankheit überfällt ein ausgeglichenes Leben. Erdrutsche verschütten ein in Frieden lebendes Dorf. Kriege beissen ihre Zähne in Völker, zerstören ganze Landstriche und reissen Kinder von ihren Eltern weg.

Gott, warum zeigst Du uns zuerst das Glück? Blumen und Gärten, fröhliche Menschen, spielende Kinder erzählen davon. Gleichzeitig sagst Du uns, dass wir vom Glück jederzeit wieder Abschied nehmen müssen.

Soll ich darum bitten, dass Du mir das Glück nicht mehr zeigst, um davon bewahrt zu werden, mich wieder davon trennen zu müssen?

Wenn ich mich auf Dein Glück einlasse, vertraust Du mir ein Geheimnis an. Bin ich selbst daran schuld, wenn ich das Glück wieder verliere? Warum? Nicht Du entziehst mir das Glück?

Glück wird nie mir selbst gehören, ich teile es mit anderen, deshalb darf ich nicht sagen: Ich habe Glück. Das Haben steht dem Glück immer im Weg. Wirst Du mir das Glück nie mehr entziehen, wenn ich es nicht als meinen Besitz betrachte? Gott, bist Du das Glück?

Jetzt verstehe ich, warum in den glücklichen Momenten immer etwas Heiliges liegt, das nie zu begreifen, nie zu erfassen ist. Du zeigst Dich mir im Glück. Wenn ich Dich aber behalten will, entziehst Du Dich mir.

Du sagst mir, dass ich immer glücklich bin, auch

wenn ich kein Glück habe. Kann ich erst richtig glücklich werden, wenn ich das Glück verliere?

Nie mehr werde ich Dich darum bitten, dass ich Glück habe. Wie konnte ich nur das Glück als einen kostbaren Gegenstand betrachten, der durch Zufall in meine Hand gekommen ist? Das Juwel wollte ich im Tresor verschliessen, damit ich es in meinem sicheren Besitz weiss.

Jetzt aber verschenke ich das Glück, ich will es nicht haben. Du, Gott, bist mein Glück. Du wirst bei mir sein, auch wenn ich unglücklich bin. Auch im Unglück werde ich Dich nicht verlieren. So bin ich glücklich, auch wenn ich kein Glück habe.

22. Glaube

Glaube ich an Dich, Gott? Du bist mein Gegenüber geworden. Ich bin mit Dir in ein Gespräch vertieft. Jeden Gedanken trage ich zu Dir, Du fängst ihn auf und gibst ihn mir zurück. Ich bin mit Dir verbunden. Kann man noch sagen, wo Du beginnst und wo ich aufhöre, sind wir nicht miteinander verschmolzen?

Die Welle erhebt sich aus dem Meer, richtet sich auf, überschlägt sich, dass weisser Schaum aufleuchtet. Sie wird durchsichtig und wölbt sich, gleitet über den Strand, streckt sich aus und fliesst langsam zurück.

Bist Du das Meer und ich die Welle? Bekomme ich die Kraft, mit der ich mich bewege, aus Deinem unendlichen Vermögen an Kraft. Kommt die Energie, welche mein Herz und meinen Kopf durchströmt und aus der die guten Gedanken entstehen, aus Deinem unendlichen Strom von Energie?

Du bist das Meer. Die Oberfläche glitzert wie tausend Kristalle in der Sonne. Landschaften, Täler, Berge, Ströme verbergen sich in der Tiefe. Ein Universum an Lebewesen, Formen und Farben ist darin enthalten. Genügt es, wenn ich an Dich glaube?

Ich will Dich erfahren, Dich spüren, berühren und mich von Dir bewegen und umfangen lassen. In Dich tauche ich ein: Du fliesst durch meine

Adern, strömst in meinem Atem, fährst durch meine Haare, erfüllst meine Seele.

Es ist eine Beziehung entstanden zwischen Dir und mir, wir leben miteinander. Am Morgen begrüsse ich Dich. Meine ersten Gedanken gehören Dir. Wir werfen einander Worte zu wie leichte Bälle. Du gehst neben mir, wenn ich das Haus verlasse. Neugierig schaue ich, in gespannter Erwartung, was uns heute begegnen wird.

Jeden Eindruck gebe ich an Dich weiter: Hier, ich behalte nichts für mich. Dieses Bild gehört auch Dir. Dieses Lächeln, diesen Sonnenstrahl, diesen Duft lege ich in Deine Hände.

Ist es richtig, wenn ich sage, dass ich an Dich glaube? Was meinen die Menschen, wenn sie von Glauben reden? Viele behaupten, sie würden in irgendeiner Weise an Gott glauben, doch oft erscheint ihnen der Glaube nur als schwacher Schimmer einer einmal gefassten Meinung: „Ich glaube, dass es irgendwo einen Gott gibt."

Dieser Glaube ist ein ratend abwägendes Dafürhalten: „Ich glaube, bin mir nicht sicher, es könnte so sein, aber gerade so gut auch ganz anders." Dies ist ein aus dem Zufall heraus entstandener Glaube, der sich blind vortastet und sich an die vorherrschende Meinung der Allgemeinheit anpasst. Er ist abgestandenes Wasser, welches man nicht wegschütten will, da man denkt, es könnte einem vielleicht einmal noch nützlich sein.

Dieser Glaube ist ein Nebelfetzen, der je nach

Windrichtung herumgeweht wird und mehr die Sicht verhindert als zur Klarheit führt. Er ist ein Feigenblatt, hinter dem man die eigene Blösse verbergen will. Man hält ihn vor sich mehr aus Scham als aus Überzeugung.

Dieser Glaube ist ein zähes Stück Fleisch, das man lang kaut und nicht wagt auszuspeien, weil es einem die gute Erziehung nicht erlaubt. Dieser Glaube führt den Menschen weg von Dir, Gott, da er keine Fragen und Zweifel zulässt. Er richtet es sich gut ein auf der Hängematte der Bequemlichkeit.

Die Zweifler und die wahrhaft Fragenden stehen mir näher, die einmal alle Brücken hinter sich abgebrochen haben und sich immer wieder die gleiche Frage stellen: Wo ist Gott?

Sie sind durch die Leere hindurchgegangen, in der sie alle angenommenen Glaubenssätze ablegen mussten. Die Zweifler lassen ihren Glauben fallen: Das Gefäss der übernommenen Dogmen und kirchlichen Traditionen zerbricht. Sie stehen mit leeren Händen vor Gott und geben nicht vor, etwas Bestimmtes über Gott zu wissen.

Ihr Zweifel hat sie gereinigt. Wenn sie nun etwas an Einsicht und Erkenntnis geschenkt bekommen, formt sich ein Glaube, der lebendig ist.

Gott, schenke mir einen wachsenden, sich bewegenden, lebendigen Glauben. Ich werde immer mit leeren Händen vor Dir stehen. Wie eine Schale zerbricht mein Glaube. Weil er lebt, verändert er sich. Er muss die alten Hüllen sprengen, damit der Kern zum Vorschein kommt und sich das Innerste entfalten kann. Wenn der Glaube zu selbstsicher Dich, Gott, begreifen will, muss er blind werden. Er muss lahm werden, wenn er sich anmasst, Dich jemals erreichen zu können.

Der Glaube wird ohnmächtig, wenn er Macht ergreift, sich über andere stellt und behauptet, der einzig wahre zu sein. Er wird leer, wenn er sich auffüllt mit alten Lehrsätzen, Dogmen und fremden Meinungen und mit seiner Fülle stolz den anderen gefallen will. Der Glaube wird arm, wenn er sich schmückt und Reichtümer anhäuft, um Sicherheit und Überzeugungskraft zu gewinnen.

Gott, es soll nichts zwischen uns stehen. Mein Glaube soll mich nicht von Dir abhalten, mich nicht ängstlich und zögerlich machen.

Wo sind die Gesetze und Normen für den rechten Glauben? Ich will keinen Vorgaben gehorchen. Mein Glaube wird durchsichtig und durchlässig für Deinen Atem, er wird Licht in Deinem Licht, Freude in Deiner Freude und Stille in Deiner Stille.

23. Zeit

Wenn ich mit Dir spreche, gibt es keine Zeit mehr! Die Ewigkeit drängt sich in einen Augenblick hinein. Wenn ich am Meer bin, die Wellen regelmässig aufsteigen, sich überschlagen und wieder in die Tiefe zurück gleiten, versinkt auch die Zeit. Stimmt es, dass es bei Dir keine Zeit gibt?

Ist es allein der Mensch, der sein Leben auf einer Zeitachse sieht und sich vorstellt, von einem Punkt zum anderen zu gehen?

Meine Eindrücke und Erinnerungen reihe ich auf einem Zeitfaden auf und erhalte eine kostbare Kette. Gerade bei den Erinnerungen sehe ich, dass aus ihnen die Zeit verschwindet wie Wasser, das verdunstet und plötzlich nicht mehr vorhanden ist.

Ein unvergesslicher Moment hat sich tief in die Seele eingeprägt: Nach mühsamem Aufstieg stehe ich auf einem Berggipfel. Eine grossartige Aussicht tut sich auf. Täler liegen vor mir, die in sanften Bändern verlaufen. Der Himmel scheint sich herabzusenken und die Erde zu berühren. Viele Fernen verschmelzen mit dem hellen Blau. Ich fühle mich herausgehoben aus dem kleinen, irdischen Dasein.

Wenn ich daran zurückdenke, löst sich die Zeit auf. Dieses Bild steigt plötzlich auf inmitten des hektischen Strassenverkehrs im städtischen Lärm und Gedränge.

Ich beginne zu ahnen, dass die Begegnungen mit Dir zeitlos sind. Sie prägen sich tief in meiner Seele ein und doch vergehen sie, denn ich kann keinen Moment festhalten.

Weil ich vergänglich bin, werde ich einmal wie ein Herbstblatt vom Baum des Lebens schweben oder aus der Erde ausgerissen werden. Alles muss ich ablegen, was ich mir je aneignen durfte.

Meine Sprache verliere ich und stammle vor Dir. Meine Kräfte vergehen, keine Schritte werde ich mehr auf Dich hin machen können. Mein Augenlicht erlischt. Alle Bilder, die ich je gesehen habe, fliegen auf wie Vögel, die ihr Sommerquartier verlassen und gegen Süden ziehen.

Einmal werde ich aus der Zeit herausgeschält. Es bleibt nur der Kern, der immer verschlossen und unberührt in meinem Inneren ruht. Ich werde die Kleider ablegen, die mir Schutz boten vor der Kälte. Die Zeit werde ich ablegen und einmal vor Dir stehen in der Ewigkeit.

Das Zeitliche ist nicht meine Heimat. Im Herbst verfärben sich die Blätter und die Wälder leuchten gelb. Sie rufen mir zu, dass ich meine Zeit ins Licht halten soll, damit sie von der Sonne leuchtend hell durchdrungen wird.

Ich klammere mich nicht an der Zeit fest. Ein Baumstamm wird vom Fluss weggeschwemmt, hielte ich mich an ihm fest, würde ich selbst in den Strudel gerissen und wäre den Launen des Flusses ausgeliefert.

Natürlich stehen wir alle in der Zeit. Die Glockenschläge breiten sich wie luftige Wegzeichen über das Dorf. Die Uhr gibt den Takt an, wir beugen uns ihrem Diktat. Pünktlich fährt der Zug, die Arbeit beginnt, die Minuten werden gezählt und wehe, es fehlt eine im Tagesplan.

Die Maschinen werden von der Zeit angetrieben und messen immer genauere Abstände, Zwischenräume und Leerstände. Viele grosse und kleine Zahnräder greifen ineinander, dazwischen gibt es keinen Spielraum. Das Weltgeschehen wird vorwärts getrieben als ein grosses Uhrwerk.

Du sagst mir, dass es die Zeit nicht gibt. Sie sei die grösste Illusion des Menschen. Manchmal ahne ich, was Du meinst. Es sind Momente der Gnade, wenn ich aus der Zeit heraus gleite und zu Dir komme. Bei Dir wird es zeitlos. Alles verdichtet sich.

Das Glück ist so tief, wie lange hat es gedauert? In der Liebe versunken lösen sich die Stunden auf. Im Gebet ergriffen zählen die Jahre nicht mehr. Deine Ewigkeit ist wie das Salz auf den Lippen. Warum stellen wir die Uhren genau ein, unterteilen die Sekunden zu Hundertsteln und messen die Stunden ab?

Wenn wir zu Dir kommen, sagst Du, dass es die Zeit nicht gibt. Haben wir umsonst die Stunden gezählt und unsere Minuten gespart? Haben wir uns vergeblich bemüht, pünktlich zu sein.

Haben wir uns umsonst gefürchtet vor der Ver-

gänglichkeit? Gott, wenn es bei Dir die Zeit nicht
gibt?

82

24. Sterben

Steht nicht zwischen Dir und den Menschen immer der Tod, der seinen Schatten wirft? Liegt nicht die Angst vor dem Sterben zwischen Dir und Deinen Geschöpfen? Wie schwierig ist unser Lebensweg!

Wir müssen alle durch die enge, dunkle, für uns unbekannte Schlucht des Sterbens gehen, ohne zu wissen, wohin uns der Weg führt. Haben wir nicht alles unternommen, um diese bedrohliche Ungewissheit zu verdrängen? Steht nicht ein Berg vor dem Ende jeden Lebens, hinter den wir nicht blicken können. Die Aussicht auf das, was nach dem Tod kommt, ist verstellt. Wir sehen nicht in die Weite und in die Ferne, weil der Tod ein unüberwindbares Hindernis ist.

Ich spreche mit Dir über diese letzten Fragen. Unser Gespräch kommt zur Mitte hin, wo die tiefste Erkenntnis verborgen liegt. Während ich diese Fragen vor Dich bringe, höre, sehe und spüre ich eine Antwort von Dir.

Warum soll ich heute schon mit meinem Sterben beginnen und den Tod nicht vor mir herschieben wie einen schweren, lästigen Stein? Ich ahne, dass das Sterben immer schon mitklingt in den Worten, die wir wechseln.

In jedem Abschied schwingt schon das Sterben mit. Wenn ich das Haus verlasse, in dem ich viele Jahre lang gewohnt habe und den Garten, den ich mit viel Mühe gepflegt habe, so beginnt das Sterben.

Auf Reisen gebe ich täglich Orte auf, die mir ins Herz gesprochen haben, die ich aber nie mehr wieder sehen werde. Ich öffne meine Hände und begreife, dass nichts in ihnen bleiben wird. Die Wiesen, mit denen ich mich befreundete, ziehen vorbei. Berge versinken im Vergessen. Gesichter von Menschen treten zurück, um neue Bekanntschaften zuzulassen.

Der Winter bricht ins Land ein und fegt alle warmen Farbtöne weg. Schnee hüllt die Bäume ein, unter denen ich Schatten gesucht habe im Sommer. Meine Kinder entwachsen den Spielsachen, die ich ihnen mit viel Liebe und Sorgfalt geschenkt habe. Die eigenen Eltern gehen fort und winken vielleicht noch einmal, um zu sagen, dass ihnen der Abschied schwer fällt.

Gott, in Deinem Licht bin ich immer ein Sterbender, dessen Atemzüge gezählt sind, dessen Schritte abgemessen und begrenzt sind, dessen Herzschläge dem Tod entgegenschlagen.

Du sagst mir: Habe keine Angst. Du ermunterst mich sogar, dass ich mich mit dem Tod befreunden soll. Aber wie geht das zusammen: Tod und Freundschaft?

Von Dir lerne ich, dass sich alles verwandelt, denn Du bist die Wandlung. Du bist der Fliessende, sich Bewegende, Tanzende, sich Überschlagende, Strömende. Bin ich bei Dir, beginnt alles in mir zu fliessen. Das, was sich verhärtet hat durch meinen kleinen Willen und durch meine Ängste, löst sich auf. Die Steine fangen an sich zu drehen. Die Berge hüpfen. Grosse Freude erfüllt mich, aus Deiner Fülle fliesst das Leben über. Die Sorgen versinken, die Widerstände werden durchlässig. Ich lasse mich in den Fluss der Gnade gleiten.

Kann ich mir sicher sein, dass Du immer da bist? Was geschieht mit mir, wenn die Lebenssonne versinkt, die Schatten wachsen, ein kalter Wind aufkommt und ich im Dunkeln stehe, ohne Deine Nähe zu spüren? Wenn Schmerz meinen Körper überwältigt und ich mit zitternden Händen und hohlen, eingefallenen Augen einsam in einem Bett liege? Wenn das Vergessen mein Gedächtnis aushöhlt, meine Gedanken sich verirren, alle Namen zusammenbrechen und ich mir selbst ein Fremder werde?

Was geschieht mit mir, wenn sich langsam ein grauer Schleier über meine Augen breitet. Wenn mein Gehör einstürzt und ich zu taumeln beginne, dass ich meinen Weg verliere. Wenn schwarze Raben kommen, um im Traum meinen Verstand auseinanderzuzerren. Wenn ich mit allen meinen Kräften nach Atem ringe? Bist Du dann nahe?

Darf ich darauf vertrauen, dass Du in den schweren Stunden umso näher bist? Kennst Du das Sterben? Weisst Du, wie wir Menschen uns winden und quälen, unseren Kopf anstossen an einer Wand der Verzweiflung, wie sich unsere

Hände verkrallen, um noch den letzten Atemfetzen festzuhalten?

Warum, Gott, führst Du uns durchs Sterben, durch dieses letzte, furchtbare Tal unseres Daseins?

Ich ahne, dass im Sterben Deine Grösse liegt. Vor Deiner Unermesslichkeit erschauere ich, Deine Kraft überwältigt mich. Du teilst das Meer und wirfst Feuer auf die Erde. Du reisst den Himmel auf und lässt ganze Städte versinken.

Im Sterben kann ich Dir nicht mehr ausweichen. Du stehst vor mir, so wie Du bist. Im Sterben trete ich vor Dich. Mein Leben erscheint vor Dir wie eine Landschaft, die Du auf einen Blick überschaust. Im Sterben versinkt das Letzte, das uns noch voneinander trennt.

Im Sterben bin ich ganz bei Dir.

25. Tod

Ist der Tod ein Durchgang? Wir ordnen dem Tod die schwarze Farbe zu und sehen ihn als einen Schatten, der über das Leben fällt und das Licht verschlingt. Warum ziehen wir schwarze Kleider an, wenn wir einen Menschen zu Grabe tragen?

Warum erscheint der Tod als schwarze Schlucht oder als schwarze Wand, die das Leben ein für allemal begrenzt. Es gibt den Weg von mir zu Dir. Je länger ich mit Dir spreche, umso sicherer werde ich in der Erkenntnis, dass es eine Verbindung gibt zwischen Himmel und Erde, zwischen Zeit und Ewigkeit. Die Gedanken, die zu Dir gehen, hinterlassen Spuren ins Zeitlose. Jedes zu Dir gesprochene Wort klingt über den Rand des Irdischen hinaus.

Hast Du Dir eine Heimat geschaffen in meinem Herzen? Gibt es einen Ort tief in meinem Inneren, wo schon Deine Wirklichkeit beginnt? Wo ist das Tor, durch das der Weg des Irdischen in Deine Welt führt? Müsste ich nicht den Übergang kennen, wo die eine in die andere Welt übergeht?

In der Morgendämmerung löst sich die Nacht auf, das Licht durchdringt den Raum und schafft eine neue Wirklichkeit. Wer könnte sagen, wo genau die Schwelle ist, bei der die Nacht ihr Nachtsein verliert und selbst Tag wird?

Wenn ich zu Dir komme, wird aus der Nacht des

Nichtwissens der Tag Deiner Gegenwart und Deines Wesens. Du führst mich an dieses Geheimnis heran.

Dein Licht kann nicht anders, als das zu verwandeln, worauf es fällt. Eigentlich wissen wir nichts über jene letzten Vorgänge, wenn sich eine Seele von der Erde trennt und zu Dir kommt. Eine Ahnung jedoch wächst, bei jedem Gespräch mit Dir wird sie tiefer, denn jedes Deiner Worte berührt jenen Bereich des Übergangs.

Die Wolken lösen sich auf. Der Himmel wird klar und rein. Die Gedanken und Träume versinken in Deiner grösseren Wirklichkeit, der harte Alltag und das weiche, geflüsterte Gebet münden in Dein Dasein. Die Knospe öffnet sich zu jener duftenden in Farbe und Licht getauchten Blüte Deiner Liebe, Dein Reich beginnt. Die Nähe zu Dir wird brennend und ergreifend.

Im Gebet gehe ich den Weg des Übergangs und der Verwandlung und begegne dem Tod.

Er hat zwei Gesichter. Das eine kennen wir gut. Es ist drohend finster und flösst uns Angst und Schrecken ein, denn der Tod droht, uns alles zu nehmen, was uns lieb geworden ist.

Meine Frau wird von mir weggerissen, meine Kinder werde ich nie mehr sehen. Mein Name zerbricht wie eine Schale, die jetzt nichts mehr wert ist. Ich verlasse die Erde, die ich liebe: Nie mehr den Duft der Bäume riechen, die Sonnenuntergänge nicht mehr sehen, den Menschen, die mir ans Herz gewachsen sind, nie mehr begegnen, den Herbst nicht mehr erleben, der sich mit seinen Farben in meine Seele brannte, nie mehr ans Meer kommen und den Sand unter meinen Füssen spüren, kein Wasser mehr durch meine Hände rinnen lassen, keine Sonnenwärme auf meinem Gesicht spüren, durch kein Essen mehr erfreut werden, rote Erdbeeren nicht mehr schmecken.

Das Wasser läuft nicht mehr im Mund zusammen. Den Garten verlasse ich, wo die Malven mich erwarten und mir mit leuchtenden Augen nachschauen. Meine Hände gebrauche ich nicht mehr, nicht für Zärtlichkeiten, nicht für Umarmungen.

Die Sprache wird zerbrechen, kein Wort mehr, keine bunten Kieselsteine mehr sammeln. Kein Kind wird mehr meine Hand ergreifen. Die Abende unter der Leselampe wird es nicht mehr geben, keine langen Spaziergänge mehr, keine Gespräche mehr bis tief in die Nacht mit meiner Frau.

Der Tod ist schrecklich. Du nimmst mir ein Universum. Ein Kosmos fällt zu Asche zusammen.

Doch Du sagst mir, dass es noch ein anderes Gesicht des Todes gibt, das nicht mehr schrecklich ist.

Ich komme zu Dir. Endlich gebe ich mich den Übergängen hin, in der Dämmerung Deiner Gegenwart verwandle ich mich. Die Seele löst sich vom Körper, in dem sie immer Platz finden musste.

Gott, es war nicht einfach, Mensch zu sein. Wie

musste sich die Seele einzwängen in das irdische Gewand! Mühsam lernte sie, die harten und scharfen Gesetze der Erde einzuhalten. Wie eng ist es, wie wenig Freiraum, wie viel Gewicht gibt es im menschlichen Körper!

Gott, wenn ich am Ende zu Dir komme, erhält die Seele den Raum zurück, der ihr ursprünglich gehörte. Wie eine Fahne, die immer zusammengerollt war, flattert sie jetzt freudig im Wind und bekommt nicht genug davon, im ihr neu geschenkten Raum zu tanzen.

Gott, der Weg zu Dir führt ins Licht.

Endlich lege ich die Schatten ab. Auf der Erde stehen sich Licht und Dunkel gegenüber, sie können sich nie versöhnen. Immer streiten Gutes und Böses miteinander, Schmerz überschattet die Freude.

Der Mensch steht zwischen Himmel und Erde. Hält er die Hand ins Licht, fällt ein Schatten an die Wand. Auf der Erde ist das Leben im Widerspruch. Wenn es warm ist, wird es kalt. Wenn Frieden herrscht, beginnt Krieg. Wo Ruhe ist, fällt schreiender Lärm ein.

Aber jetzt, im letzten Übergang, wenn die irdische Schale abgelegt wird, wenn die Seele im reinen Licht schwebt, gibt es nur noch das Eine, nur noch das Licht, nur noch Dich.

Gott, darf ich mich freuen auf den Tod? Ist er voller Farbe, ist er hell und lachend. Bin ich am Ende ganz bei Dir?

26. Hoffnung

Was gibt uns Halt? Wenn wir in die Zukunft blicken, können sich schwarze Wolken auftürmen. Wohin geht der Weg der Menschheit? Werden unsere Kinder noch einen gesunden Lebensraum haben? Gibt es im Verlauf der Weltgeschichte einen tieferen Sinn, der die Menschen durch alle Wirrnisse hindurch führt?

Ich blicke auf meinen eigenen Lebensweg. Seitdem ich mit Dir spreche, wage ich es, immer mehr Sicherheiten loszulassen und mich in den Freiraum Deines Willens zu stellen.

Wenn ich aber allein durch meine eigenen Anstrengungen etwas erreichen will, schleicht sich Angst in meine Gedanken ein. Sie dringt durch die kleinsten Ritzen des menschlichen Wesens ein und will Macht über mich gewinnen.

Deine Strömung ist so stark, dass sie auch durch die Zukunft dringt und das erschafft, was vor mir liegt. Ich ahne, dass Du ein Bild entwirfst und einen Plan zeichnest. Du hast schon die verschiedenen Geschehensstränge gebündelt, um mich zu führen, denn Deine Phantasie ist unergründlich. Mit Sternen zeichnest Du Figuren in den Nachthimmel. Planeten wirfst Du in den Raum. Sonnen brechen auseinander. Du formst Wesen in der Tiefe des Meeres, leuchtende Seesterne, Blumenfelder und Bäume unter der glänzenden Oberfläche des Wassers.

Du formst neue Gesichter der Menschen. In jedes zeichnest Du eine einmalige Persönlichkeit. Du malst mit den verschiedenen Schicksalen ein grosses Gemälde. Auch mein Leben gestaltest Du. Was für ein Bild hast Du Dir ausgedacht?

Du bist auf mich angewiesen, denn ich bin Dein Zeichenstift, mit dem Du Deine Figuren auf die Leinwand der Zeit malst. Oder bin ich der Ton, mit dem Du die Skulptur formst, die jetzt schon in Deinem Geist Gestalt angenommen hat?

Bin ich die Farbe, mit der Du malst? Das Blau, das in fliessenden Übergängen in die Ferne Deiner Ewigkeit reicht, das Rot, das brennt unter den Menschen und die Gleichgültigkeit vertreibt, das Gelb, das Dein Licht in menschlicher Wärme und Geborgenheit verströmt.

Bin ich der Stachel, mit dem Du Menschen aufrüttelst und zum Nachdenken bringst? Dein unbändiger Schaffenswille fliesst durch mein Herz und durch meine Hände. Im Gestalten von neuen Formen verschmelzen wir. Der Bildhauer, der eine Statue schafft, verschmilzt während des Schaffens mit seinem Meissel und dem Hammer. Das Werkzeug wird eins mit den Händen des Künstlers.

Bin ich Dein Werkzeug? Ich bitte Dich, mich zu gebrauchen in Deiner Schöpfung, denn es gibt nichts Wertvolleres, als ein Teil des schöpferischen Geschehens zu werden. So finde ich Sinn, Erfüllung und Freude im Leben.

Gott, ich vertraue Dir. Du darfst mich als Werk-

zeug gebrauchen, auch wenn ich Deine Pläne nicht
kenne. Auch wenn Dein Wille mich schmerzt,
mich verwirrt, mir weh tut, lass mich teilhaben an
Deinem Schaffen.

Bin ich der Stein, der rund wird, weil er sich
ständig dreht im Fliessen Deiner Kraft oder das
Gras, das sich im Wind beugt und tanzt in Deinem
Atem? Bin ich das Blatt, auf dem die Farben der
Vergänglichkeit ausgegossen sind und das in Deine
Hand schwebt?

Die Zukunft lasse ich an mich herankommen.
Wenn ich mit Dir spreche, weiss ich, dass ich alles,
was kommen wird, als Deinen Willen verstehe.
Dies ist meine Hoffnung.

Du gestaltest und schaffst, bis die Zeit zu Ende
ist. Mein Lebensschiff wagt sich aufs Meer des
Kommenden hinaus. Es werden wohl Wellen über
mir zusammenschlagen und Stürme über mich
hereinbrechen.

Du aber hältst dieses Schiffchen in Deiner Hand.
So einfach und bescheiden, so gross und stark ist
meine Hoffnung.

27. Gebet

Seitdem ich mit Dir spreche, hat sich mein Leben verändert. Ich behalte meine Gedanken nicht für mich, sondern schicke sie zuerst zu Dir. Was machst Du damit? Verschwendest Du nicht Deine Zeit damit, Dich mit den flüchtigen Gedanken eines Menschen zu beschäftigen?

Du bist das Licht. Wenn ich meine Worte in Dich hineinfallen lasse, werden sie voll von Deinem Licht. Wie kann ein Mensch Dich erreichen?

Das Gespräch mit Dir ist zu einem Gebet geworden, das ich in meinem Herzen trage. Du hast in mir einen Garten angelegt, ich nenne ihn das Paradiesgärtlein. So oft wie möglich gehe ich durch dieses Gärtlein auf den schmalen Wegen, um mit Dir zu reden.

Es gibt Bäume, die aus der Geduld heraus gewachsen sind. Blumen umgeben die Wegränder als leuchtende Zeichen der Erkenntnis. Hie und da gibt es eine geschwungene Brücke, die sich aus den wertvollen Hölzern der Beständigkeit zusammensetzt. Reine, klare Bäche sprudeln über runde, sich ständig drehende Steine. Es gibt Teiche, auf denen Seerosen schwimmen, die sich aus der Klarheit des Geistes bilden. Blühende Sträucher beugen sich über die schmalen Treppen. Auf dem sanften Hügel geht das Licht der Dämmerung auf.

Du hast in mir ein Paradiesgärtlein geschaffen, in dem ich in jeder Stunde, in jeder Minute einkehren kann und Dir darin nahe bin. Kein Winter kann mit seinem Eis das Paradiesgärtlein zerstören, kein Gewitter verwüstet es, kein Erdbeben zerreisst es, denn es ist innen in mir. Leicht trage ich es in meinem Herzen.

Ein kleiner Spalt des Himmels öffnet sich und ein Strahl von Deinem schaffenden, weltverändernden Licht fällt in mein Innerstes. Aus unseren Gesprächen entsteht ein Gebet, das Du, Gott, sprichst und dem ich zuhöre.

Wie? Sind es die Menschen nicht von alters her gewohnt, von sich aus zu Gott zu beten, um ihre Nöte, Sorgen und Wünsche auszusprechen und dann zu hoffen, dass dieses Gebet erhört wird? Ist dies nicht schon immer die Hoffnung der Menschen gewesen, dass Gott einmal den flehenden Schrei, die eindringlichen Bitten erhören wird und sich dadurch das Leben der Menschen verbessert?

Glauben nicht die Menschen, dass gerade im Gebet die Verbindung zwischen Himmel und Erde hergestellt wird? Das Gebet wird als Faden verstanden, der oben und unten, Zeit und Ewigkeit zusammenhält. Es ist selbstverständlich, dass der einzelne Mensch das Gebet beginnt und sich darum bemüht.

Nun ahne ich, dass es gerade umgekehrt ist. Gott, Du beginnst das Gebet. Du betest in mir! Du machst den Anfang und sprichst das erste Wort. Du berührst mich und legst mir das Gebet ins Herz, sodass es für mich keine Mühe und keine

Anstrengung mehr ist.

Das Beten überlasse ich Dir. Du gibst den Ton an, spielst die Melodie, ich stimme ein. Zuerst summe ich, mein Ohr verschmilzt mit der Musik, die Du mir schenkst, dann singe ich mit.

Wie einfach wird das Gebet! Um zu beten, brauche ich keine vorgegebenen Texte und keine Kirche mehr, auch keine langen Übungen oder strenge Pflichten.

Es beginnt in mir zu beten. So leicht wird das Gebet, dass ich manchmal dazu pfeife. Es genügt schon, tief durchzuatmen oder einfach nur zu hören.

Wenn ich höre, bin ich schon mitten im Gebet. Immer mehr kann ich auf Worte verzichten. Warum muss ich Dir alles erzählen, wenn Du es schon weisst? Ich schweige vor Dir und bin durch das Schweigen schon mitten im Gebet. Manchmal beschränke ich mich auf die zwei Worte „Du" und „Ich", die sich durch alle Sätze wie zwei goldene Fäden hindurch ziehen.

Ich in Dir und Du in mir.

Auch heute gehe ich in den Garten des Gebets. Die Heilkräuter duften. Bald sind die Beeren reif, der Himmel wölbt sich in seinem tiefen Blau darüber.

Du gehst durch meinen Gebetsgarten. Die Äste zittern noch vom Windhauch Deines Vorübergehens.

28. Ausklang

Das Gespräch mit Dir klingt aus. Ich habe viele Worte gebraucht, um den Raum des Gebetes zu umschreiben.

Die Worte aber bleiben nicht, sie lösen sich auf im Klang. Alles, was ich mit Dir gesprochen habe, schrieb ich in den Sand. Es kommen Wellen und wischen es weg. Es wird unleserlich, bis der Sand wieder geglättet ist und die Sonne darauf glänzt.

Über Dich kann ich nichts sagen, denn kein Wort kann Dich fassen. Bist Du gross, bist Du gütig, bist Du mächtig? Du entziehst Dich meinem Urteilsvermögen. Mein Verstand kann nicht den kleinsten Teil von Dir begreifen.

Es bleibt die Stille. Jedes Wort ist verklungen. Sätze sind Saiten, wenn sie schwingen, erzeugen sie einen Klang, der letztlich zur Stille führt.

Es bleibt das Staunen. Wenn ich die Augen schliesse, beginne ich die Sterne zu zählen. Ich ahne, dass hinter der sichtbaren Welt eine andere, noch reichere, vollere Welt verborgen liegt.

Mit offenem, staunendem Mund stehe ich vor Dir wie ein Kind, das zum ersten Mal eine Blume berührt.

Es bleibt die Gewissheit. Eine Antwort wölbt sich über die ganze Erde, wenn in der aufkommenden Stille plötzlich die Fragen sich wie der Wind am Abend gelegt haben. Auf alle Fragen bist Du die Antwort.

Nun erkenne ich, dass Du mir keine Antwort gibst, sondern dass Du selbst die Antwort bist. Wie lange habe ich auf eine Antwort auf meine vielen Fragen gewartet! Ich habe Dich mit meinen Fragen bedrängt. Nie habe ich es aufgegeben, Dich zu fragen!

Jetzt gibst Du mir mit Deiner ganzen Fülle, mit Deiner lichterfüllten Unendlichkeit zu verstehen, dass Du selbst die Antwort bist. Dürfen jetzt meine Fragen in Dir versinken? Bist Du so gross, dass alle Millionen Fragen aller Milliarden Menschen in Dir Platz haben?

Bist Du die Antwort?